一九九三年二月与阿拉法特合影

一九九二年四月与利比亚领导人卡扎菲合影

一九九三年一月，在埃及采访南非总统曼德拉。

一九九三年九月，在特拉维夫采访以色列总理拉宾。

一九九三年一月，在开罗的科普特教堂与联合国秘书长加利做弥撒。

一九九二年七月，在巴格达采访伊拉克总参谋长兼

→采访以色列前总理沙米尔。

↑一九九三年九月，采访以色列总长巴拉克将军（巴拉克现为工党领袖）。

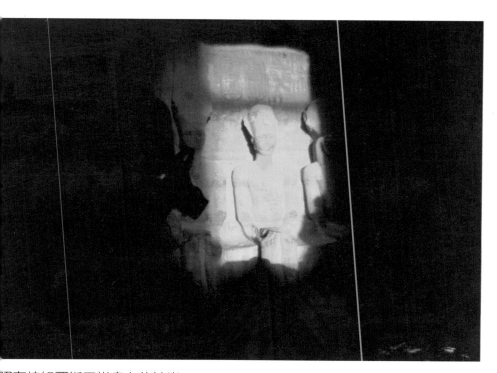

照在拉姆西斯二世身上的神光

书师曾在阿布森贝神庙前

飞过金字塔的岩鸽

埃及的阶梯状金字塔

献给母校百岁生日

我钻进了金字塔

唐师曾 著

责任编辑：任幼强
特邀编辑：王淳华
封面设计：吴玉山
责任出版：刘林琦
版式设计：王　列
插　　图：凌　晨

图书在版编目(CIP)数据

我钻进了金字塔/唐师曾著.—北京:世界知识出版社,1998.4
ISBN 7-5012-1011-X

Ⅰ.我… Ⅱ.唐… Ⅲ.新闻-作品集-中国-当代 Ⅳ.I253

中国版本图书馆 CIP 数据核字(98)第 09675 号

世界知识出版社出版发行
(北京东单外交部街甲 31 号　邮政编码:100005)
《世界博览》编辑部排版　北京新华印刷厂印刷　新华书店经销
880×1230 毫米 32 开本　印张:9.75　插页:6　字数:150 千
1998 年 4 月第 1 版　1999 年 1 月第 9 次印刷　印数:132001－143000
定价:18.00 元

序

近年来我感到日暮途远，生活成为大部分时间面对稿纸，目光很少射到一尺以外，以致连唐老鸭(学校注册和身份证之名为唐师曾)这样一位性格奇、造诣高、成就大的人也毫无所知。后来有了所知，是他找上门来。大致是去年夏天，他来个电话，说姓唐，新华社记者，想来采访我，向海外发一篇介绍。我说我没什么成就，往远地吹嘘更不合适，还是以不如此为是。他不退让，并拿出新武器，说他也出身于北京大学(1983年国际政治系毕业)，采访向海外发是他每月一次的任务。听到同出一门，我只好退让，说欢迎来谈谈。不久他来了，门开处，一米八几的大个儿，最上部是长而秃的头，使我吃了一惊。坐谈了一会儿，拍照了一会儿，我的印象由惊奇变为亲近，觉得他为人憨厚，对一切事都特别认真，简直近于痴。告辞前留下一张名片，因为我眼既昏花又缺少注意力，只觉得上面还有个似曾相识的漫画，究竟表何意，未想就放过去了。

很巧，之后不久就见到在新华社河北分社工作的高莉芙女士，闲谈触及采访的事，她说那就是新华社有大名的摄影记者唐老鸭，人很有意思，新闻界无人不知，无人不晓。我如梦初醒，找出他的名片看看，原来上面的漫画就是与米老鼠齐名的唐老鸭，只是胸前多个像机。原来的印象未变，却加点新的，是立身处世还不少风趣。又是不久之后吧，他来送照片或已刊于报刊的照片兼文，还带来他1994年出版的一本《我从战场上归来》。这本书是写他在海湾战争中的采访情况的，其时我正忙，只看了其中的几十幅照片，书就被更想看的友人拿走了。"还书一痴"，到我想看的时候，只好向老鸭呼叫。很快又送来一本，我看了。有什么感受呢？除了对于书，比看小说更加感到新奇以外，主要是对于作者，原来的憨厚或痴不变，要加上许多新东西。占首位的是胆量希有，海湾战争，现代化武器的烟云之下，出生入死，他走了五国，看来总是乐呵呵的。其次是事业心强，为抢几个镜头，真是连命也不要了。其三是还多有机智，异国有异俗，而且是战时，困难甚至危险多到数不清，靠他能够随机应变，都化险为夷。还可以加个其四，是不愧为北京大学出身而且学国际政治的，域外许多国，史，地，统治阶层，人民的生活情况，都了解得一清二楚，所以化为文字就能内容丰富而确凿可信。他是摄影记者，摄得之影也就多值得欣赏，如这本记海湾战争的，第206页有个"'爱国者'弹道导弹轨迹"之影，第127页有个"生离死别的以军恋人"热吻时之影，我见到，就真想揪住老鸭问问："这都是万钧一发之际的难于瞥见之景，你是怎么弄到手的？"

　　还没来得及问他，他又登门，送来一部书稿，总有十几万字吧，仍是记国外采访情况的，所以取名为《我钻进了金字塔》。他说书已在印，希望我看完写几句，为同学助助威。能写不能写再说，总可以先睹为快了。于是翻开看。正文十六个题目，可见写法要化零为整，想法大概是，不说则已，说就说个痛快。果然是折子戏变为整本戏，看也就可以看个痛快。正赶上我将外出，未能篇篇俱到，只是看了几篇特别感兴趣的。语云，尝一脔而知一鼎之味，也就可以说说新的一些获得。已经写过的优点不重复，说这未问世的一本里使我看时兴奋、看后念念不忘的，可以归结为三点。一是几乎没有想到，对于异域的各方面，他竟有如此丰富的知识。以《铸剑为犁的拉宾》一篇为例，写拉宾的经历和突出的成就，可谓面面俱到，巨细不遗，简直使我有个感觉，是根据这一篇，可以为拉宾写个简要的年谱。其中写往乌干达救人质一事尤其使我感兴趣。这个看似神话的举动我在某期刊上见过，说得比较概括，到老鸭的笔下，一切都化为具体，连谁指挥，如何化装，用什么枪打都说到了。这样写，就使记实而能有戏剧的效果，所以干脆就走入剧场，不能不高喊一声："好！"二是还善于剪裁，能取重舍轻，常常不乏画龙点睛之笔。仍以写拉宾的一篇为例，拉宾是政界大人物，所行或所记应该都是会场上或战场上的大事，可是这位老鸭也述说了与丽哈恋爱拖延的事，不穿防弹背心以致被刺身死的事，这看似闲笔，却既可寓褒贬又可增情趣，取得开卷如"漫游奇境记"的效果。三是更想不到，他不是学文的，却常常显示有雕龙的巧技。稍有写作经验的人都知道，诗文，开头难，结尾更难。我看了这本书稿的第一篇，讲见卡扎菲的，就很欣赏那段结尾，照抄如下：

　　黄昏，我们的总统专机从班加西机场直冲蓝天。我平躺在专机惟一的一张沙发床上，想象卡扎菲上校躺在这里的情景，耳边回荡着红袍恺撒的一句名言："我来了，我看见了，我赢了！"窗外是波涛汹涌的锡尔特湾，远方，残阳如血。

　　"我来了，我看见了"，等于用画笔画出他的性格。后面还有"残阳如血"，是掺杂一些轻微的惆怅吗？难说，此之谓余韵不尽。能如此，高手也，应该赞扬。如何措辞呢？想借用胡博士在红楼里常说的一句话，"北大不愧为大"，能够养育唐老鸭这样既能拿像机又能拿笔的。

張中行

1998 年 4 月 1 日于元大都北郊

自 序

　　躺在北京军区总医院病房里坐井观天闲肌难耐。医生让我静养，可每到子夜，所有电台都说完晚安之后，我还在双目圆睁怒视天花板。我一直拥有大牲口般的健康，低地高原、严寒酷暑、战场疫区刀枪不入、百毒不侵。可现在从外到里都令人忧虑。首先我的右腿受伤后未及时就治，至今周长已比左腿细了两寸。以后发现心肺肝胆都与常人不同，当 301 医院建议我摘去萎缩的胆囊时我大叫不可，人可以无心不可以无胆。X 光、B 超，肝胆相照之后我肝火上升，见谁都有气，把身边能砸的东西都砸了一遍。此时我的白血球仅为 2600，不足常人的一半。

　　一个月内我撅着屁股在北京医院、301 医院、北京军区总医院连续做了三次骨穿一次活检之后，显示的特征为"再生障碍性贫血"，就是山口百惠和三浦友和合演的《血疑》中的"不治之症"。医生怀疑我受过核辐射污染。我不断变换卧姿，幻想有林妹妹跳出来让我敲骨吸髓。可面对我这个四处生事的大白胖子，所有人都摇头说不大可能，我自己更深信这纯属无稽之谈。因为 1990 年在海拔 6860 米的布堪达阪峰下，西宁高原生物所的医生为我验血时，说我的血在全队 68 人中足以与出生在沱沱河的藏人恰加媲美。

那年在可可西里无人区半年的野外生活，我认识了《民族画报》记者凌风。在高原寒风掀动的帐篷内，他每天不辍地给三岁多的儿子写信。听他讲，他的儿子叫凌晨。从此每当高原旭日金黄的暖光照进帐篷，我都想起这个名字温暖可爱的孩子。于是我第三者插足，给他们父子的信画插图。吉普车追藏野驴，爬冰塔林，还有千奇百怪的高原生物。我羡慕他和他的儿子。

光阴荏苒，到 1994 年我从中东回国时小凌晨已 8 岁。现在是轮到他为我写的文章画插图。除天赋之外，小凌晨更多的是善良。每次得知我受伤、生病、失恋或诸多不如意时都会令他伤心得大哭，并旗帜鲜明地向一切伤害我的人、物开战。去年我一人驾车环绕美国，他特地从五台山请来护身符让我带在身上，保我平安而归。郭沫若《棠棣之花》中有句台词："有了好的母亲，才有好的儿女；有了好的儿女，才有好的国家。"凌晨的母亲是恢复高考头一年考进北大中文系的，据说当年同班的凌风慧眼识珠，以"不成功便成仁"自沉未名湖相要挟，才把我这位善良的师姐弄到手。

母校百年华诞，CCTV 两套人马找到北京军区总医院病房动员我再次露脸为母校效力。《世界博览》主编任幼强也敦促我把这几年的辛苦整理一番，献给我们的母校。为母亲祝寿，儿子自然尽力。

可惜我百病缠身，拖着输液瓶在纸上乱画，连派克 45 型钢笔的钢杆都被我捏断过两根……心灰意懒有如诺曼底之战后受伤住院的隆美尔。其实还有几篇如《家在开罗》、《贝鲁特绿线》、《长长的尼罗河》、《戈兰高地》、《该不该修阿斯旺水坝》等正在炮制之中。时至今日（4月1日），离北大百年华诞"五四"大典仅剩一个月，而我病体孱弱，显然无力完成学长们布下的作业。

　　取名为《我钻进了金字塔》很合我现在的处境。外人以为我事业如日中天，正勇攀金字塔顶，其实我肉身已处于地层深处。更深夜静扪心自问，大概是当年在开罗年轻气盛，乱闯金字塔，惹恼了当地头号大法老，祭起法老符咒，压得我从此永无出头之日。特长荒废，鸡飞狗走，事事不顺。进而侵浸身体，以至今天愚人节还趴在手术台上，再一次骨穿取活体。一阵毫无警告的剧痛之后，麻药麻痹了整个后腰，大脑却清晰如刚擦过的玻璃。回首往事，或许海湾战争在伊拉克的半年中，我的确被人辐射过……

唐师曾

1998 年 4 月 1 日

于北京军区总医院骨穿之后

目　　录

卡扎菲上校身体后仰,靠在棕色大皮沙发上;昂首挺胸,俨然一位沙漠君主。奇特的装束又让我想起《三国演义》中的马超、马岱。我与卡扎菲的手十指交叉紧紧相握。上校手握"斑马"签字笔,挥洒出一片红色的阿文:"谨表敬意。卡扎菲。"他用左手将签名递给我,右手拍着我的肩膀:"你可以卖100万。"

单人独骑、在光天化日之下突破"世界第一陆军"防线、纵深以色列几十公里令以色列军警宪特大惑不解。我成了美联社、路透社、法新社、CNN争相采访的中东头条新闻。我和我的大吉普被搁在边界上,一名端M-21的狙击手喝令我呆在车上别动,黑洞洞的枪口晃得我胆战心惊。我深知这种加瞄准具、因越战而闻名的步枪的威力,其 7.62 毫米的铅弹随时可以把我轰在界碑上。可以色列总参谋长巴拉克将军把我揽在怀里,三呼就喜欢我这样的人。

阿拉法特是世界上惟一没有国土的国家元首,他头顶绝无仅有的头巾围法标志着他的国家。几十年来阿拉法特独特的恐怖之鼻可以嗅出炸弹的气味,上千次从死神黑翼下滑过,而我几次把他搂在怀里。

沿着不足一米高的墓道爬入胡夫金字塔腹内的核心部位,一种巨大的压抑感向我袭来,好像来自整座大金字塔的压力直抵头顶,随时要把我碾成齑粉。阴晦沉重的空气中仿佛充满各种悬浮物,随手可触。我首次体会到什么是可以听到的寂静、什么是可以看到的黑暗。据说所有进入胡夫金字塔墓穴的人都没能善终,法老的咒语、几千年陈腐的空气、5000 年没有阳光而滋生的奇怪病菌……使所有打扰过胡夫法老墓穴的人暴亡。

生长在中东地区大沙漠中的骆驼,被阿拉伯人称为"沙漠之舟"。非洲独峰驼的负重量与今天的轻型卡车载重量相差无几,并可 33 天不饮不食,足以使任何车辆黯然失色。骆驼忠诚,主人死后,它会跑到主人墓前悲伤而死。骆驼的眼泪是其他动物所没有的,当它发现自己无法跪下前腿时会痛哭失声,因为这标志着死期将近。

曼德拉优雅的绅士风度、敏锐的思维、略带伦敦口音的英语表达，使他的政治魅力超过了在场的任何一位国家元首。我低声告诉他：我正在写一篇有关他传奇的小文。这位目光炯炯的慈祥长者和善地望着我："无论我们对谁产生多大的敬意，也不要把他描写成天使，因为每个人都是血肉之躯。"

拉吉卜先生是首位阿拉伯国家和非洲国家驻华大使，至今还保存着一张当年他站在天安门城楼向 50 万声援者挥手的照片。他与毛泽东、周恩来过从甚密，许多故事鲜为人知。

美联社摄影记者纳伯特蓬头垢面、举止古怪、毒瘾成癖，正四处打听最新的镇静剂，一脸猥亵地自称是《花花公子》摄影师……打得警察望风而逃。可美联社念他战功卓著，竟要雇他一辈子。《时代》周刊的断腿巴利十年前是贝鲁特欢蹦乱跳最活跃的摄影记者，一颗迫击炮弹命中了裤裆，险些废了他。多亏上帝有眼仅炸断右腿，由此娶了开罗女人，深深扎根当地，疯狂吸吮一切有价值的信息。

我已记不清多少次乘飞机从苏伊士运河上飞过，乘巡逻艇沿河漂

渡、驾大吉普横跨运河上全部 11 个渡口、驱车穿越运河腹下的洲际
隧道,我还冒着遭红海姥鲨袭击之险,在宽阔的运河河口从非洲游
到了亚洲。对我来说,"苏伊士"不仅仅是世界上最繁忙的一条河,
一座历史悠久的古城,一个横尸遍野、有数不清无名战士墓地的战
场,一片焦黄干涸、满目荒凉的热带沙漠,更是我有限生命中最神奇
的一部分。

1995 年 11 月 5 日晚,我腰间的 BP 机突然狂叫不止,低头细看,一
行蝇头小字显示:"拉宾被刺。"有人问我拉宾是否是和平卫士,我不
同意。我认识的拉宾是位国家利益第一的公务员,是位民主国家的
民选总理。他所做的一切是为犹太选民服务,为犹太国家服务,为
纳税人服务。至于和平还是战争都仅是现象而非本质。有人说拉
宾被刺是拉宾与警方配合不力,我很不以为然。以色列有一流的国
防军、一流的情报部摩萨德、一流的秘密警察辛拜特、一流的乌兹枪
和凯福拉防弹衣。可这保护不了拉宾。以色列人决不会拥戴一位
被保镖铁甲包裹起来的懦夫当总理。在身经百战的拉宾看来,穿防
弹衣是一种污辱。

1991 年 12 月,当我兴冲冲驾大吉普闯入阿拉曼东北著名的白沙滩
时,一名穿野战服的埃及中士气喘如牛地跑过来拦住我。从他半英
文半阿文的比划中,我终于明白我已闯入二战时德军著名的"魔鬼
花园"。当年隆美尔军团在此埋下 44.5 万颗反坦克地雷。数十年
来,不断随沙漠滚动的地雷,随时可能把我连人带车炸飞到空中。

如果人生的乐趣在于这秒钟不知道下一秒钟会发生什么，我的巴格达之行就饱尝了这种提心吊胆的乐趣。一位常驻巴格达的记者警告我：拍摄巴格达"军事设施"的巴佐夫特被绞死；不守规矩的塔斯社记者死于车祸……听得我后脊梁直冒冷汗。在巴格达，如果没有伊拉克情报官员的陪同，你根本就别想背相机上街。且不说军警宪特，光是革命觉悟高涨的老百姓就招架不了。从海湾战争爆发起，我先后四进巴格达，亲手将AP图传机和移动海事卫星天线固定在伊拉克政府新闻部的阳台上。中国第一次用卫星天线向世界播发的图像新闻，出自我手。

1992年10月12日，我迷迷糊糊地从午睡中醒来，脖子上的护身符不翼而飞，胶卷竟不可思议地卡在冲扩机里。一阵闷雷般的轰鸣由远而近，大地上下震颤，继而左右摇晃，我根本无法把尿撒进尿池里。我随着慌张的人流往外跑，迎面撞上一个带着哭腔找丈夫的女人，看着她的失魂落魄，我猛然想起自己是个男人。我返回宿舍拿起相机包蹿到院子里，发动了大吉普。

拉姆西斯二世是古埃及历史上统治时间最长的法老，妻妾成群。举世闻名的拉姆西斯二世神庙具有极高的数学、天文学价值。几千年来，每年只有2月21日（拉姆西斯二世生日）和10月21日（拉姆西斯二世登基日)清晨，太阳光准时直射神庙大门，水平穿过 61 米的柱廊直抵隧道洞底，不偏不倚地照在拉姆西斯二世的石像上。60年代初，为了修建阿斯旺高坝，神庙被搬迁，尽管数千名科学家经过周密计算挽救了神庙，可终究留下了永久的遗憾：太阳光照在拉姆西斯身上的时间被推后一日，现代科学在拉姆西斯二世的神威下黯然失色。竟想不到，在这神奇的一天的神秘时刻，全世界唯有我离拉姆西斯二世最近。

我的耶路撒冷

世界上有两个地方总让我魂梦系之，一个是枫丹白露，再一个是耶路撒冷。我喜欢前者是因为这个法国译名文雅、亮丽、宁静的色调令我怡然心醉；耶路撒冷则源于一种说不清的感觉，每当我启齿念 Jerusalem 这个字时，舌头在嘴唇、牙齿、上颌间轻微颤动，都会产生奇异的快感。在我的印象里，耶路撒冷同天国一样遥远，是普通人难以涉足的神奇之地。由于历史、地理、宗教、民族、文化、经济、政治等等诸多因素，耶路撒冷成为同时获得神与人青睐的圣城。而以色列事实上成了世界三大宗教圣地的保管者，由此引发的种种矛盾使这个弹丸小国成为国际新闻中曝光最多的国家。

我爱我妻

每说到我的大吉普我都忍不住泪珠潸然，她是我在中东惟一同床共枕、历经生死的伴侣，我叫她长腿沙漠跳鼠，她与我的尼康相机被列为我的"一妻一妾"。她从未背叛过我，可我对她的爱意已变态到疑神疑鬼的地步。每当出差短暂分别，我都将她开到车库最里边的死角里，再拆掉她的电瓶连线、电路保险，以免他人染指。

中东是世界上最神奇的一块土地，具有创造三大宗教的超自然神力。如果有人现在对我说昨晚外星人把胡夫金字塔从开罗搬到了耶路撒冷，我也会深信不移。萦绕于心的中东情结一次次召唤我重返中东，我渴望驾大吉普从长城一直开到金字塔。

为能和蔡元培、胡适、李大钊等攀上校友，我咬着牙进了北大。在这里，战地记者罗伯特·卡帕闯入了我的生活，我总产生我是卡帕转世的幻觉。我与卡帕一样，坚信只有相机才能记录历史。北大独有的教育体制帮我辨认出自己潜在的个性并得以发展，科学让我受益，民主给我希望。北大教我如何勇敢诚实地面对人生。

我见到了卡扎菲

新华社记者独得签证

我真不愿将好朋友"断腿巴利"扔在开罗,自己去闯利比亚,这与我为朋友两肋插刀的信条不符。利比亚驻开罗使馆几次警告我离美帝远点,我上司也严令我不要再惹是生非。当我怀揣利比亚入境签证,与分社英文记者润哥爬上开往利比亚的长途汽车时,我还在为没能帮"断腿巴利"弄到利比亚签证而自责。

我第一次听说"断腿巴利"还是海湾战争正酣之际,当时我正单枪匹马地从"飞毛腿"横飞的以色列绕道塞浦路斯、埃及、约旦重返巴格达。我的北大老校友、中国驻伊拉克大使郑达庸一见面就交给我一封信,还关照道:"这可是美国来的!"能在烽火连天的巴格达看到扔炸弹的美国人的来信,本身就挺幽默。信是美国摄影家、因拍摄艾滋病成为世界新闻摄影大赛金牌得主的阿龙·瑞宁格来的,他对我"刚在纽约出版了熊猫画册就半途而废地参加海湾战争"大为不满。阿龙在信中列数战争的几大罪恶,劝我离战争越远越好。知道我为人固执,他还连篇累牍地举了一大堆例子,其中就有他的好友、《时代》周刊摄影记者巴利,在贝鲁特打断了一条腿。阿龙力诫我要珍惜小命,最好还是回秦岭去寻找大熊猫,或是重返可可西里探险队继续我的世界屋脊探险,可就是别碰该死的战争。最后,他托我有机会路过开罗时,千万别忘去看一眼"可怜的断腿巴利"。

可足足拖到1992年4月8日,在开罗采访阿盟外长紧急会议,我才碰上胸口别着 Time 徽章、头戴牛仔帽、一瘸一拐的"断腿巴利"。我走过去说:"打扰了,我猜你就是断腿巴利,我是新华社的摄影记者、阿龙的朋友。"巴利斜起眼睛用西部片中才有的姿势从下到上打量我一番之后,才猛拍了一下我的左肩,用中文说:"知道,阿龙说你总穿红色的。"我正惊讶他怎么会中文,他竟像我为我的北大自豪一样,炫耀道:"我在哈佛学过中文。"

年石油收入为上百亿美元的利比亚处于阿拉伯世界核心位置,面积辽阔,国土比三个法国还大。可由于人口不到400万,政治上无法与东邻埃及相比。卡扎菲上台后主张阿拉伯团结统一,为此他先与萨达特的埃及联合,接着同叙利亚、苏丹联合,可都告失败。此后他转向马格里布非洲,先后同突尼斯、阿尔及利亚、摩洛哥签订条约,可实际上仍是一纸空文。由此卡扎菲对联合阿拉伯国家感到失望,把伊斯兰前途放到黑非洲的萨赫勒国家身上,企图建立乍得、尼日尔、马里、毛里塔尼亚和利比亚的联合合众国。怨恨西方霸权国家的同时,卡扎菲更对阿拉伯国家的长期分裂十

卡扎菲

分恼火,同时世界上许多国家都觉得自己有理由对利比亚表示不满。1984、1986 年里根两次派空军袭击利比亚首都的黎波里,殃及许多平民,但世界上站出来为卡扎菲说句公道话的国家不多。现在,英、美、法等西方国家借口 1988 年在苏格兰洛克比坠毁的一架泛美航空公司飞机是利比亚特工做了手脚,命令卡扎菲交出涉嫌的有关人员,可卡扎菲就是不理。联合国安理会为此通过了 748 号决议案,由于卡扎菲拒不执行联合国决议,联合国从 1992 年 4 月 15 日起对利比亚实行空中封锁。连利比亚的邻国突尼斯、埃及也准备加入对卡扎菲的制裁,这令自视为民族解放运动领袖的卡扎菲大感不解,万分沮丧。根据这位大漠英雄的一贯表现,我坚信他一定会不失时机地宣示立场,他不仅拥有无法抑制的表现欲望,而且具有这方面的天赋。

随着 4 月 15 日安理会制裁利比亚的 748 号决议生效之日迫近,各国记者纷纷跃跃欲试,伺机进入利比亚,可利比亚却迟迟不肯给外国记者入境签证,引得各国记者成群结队地围着利比亚驻开罗使馆打转,还彼此猜忌着,生怕对方抢了先。断腿巴利拖着那条在贝鲁特被打断的右腿,开着"七九"式美军吉普,一日三遍地往利比亚使馆跑。由于空中封锁,民航中断,即使有签证,也很难穿越几千公里的撒哈拉沙漠进入利比亚。为此,断腿巴利正组织一支吉普车队,准备等签证一到手就结伙远征。由于有阿龙·瑞宁格举荐,我开着我的"三菱—山猫"加入了巴利一伙。巴利用力拍着我的大吉普的引擎盖朝美联社摄影记者纳伯特大喊:"瞧! 鸭子有辆好车,这车可得过巴黎—达喀尔拉力赛的第一名。我们要一直开到的黎波里!"

可直到 4 月 12 日中午,利比亚驻开罗使馆却只给新华社一家发了签证,馋得几十名老外大眼瞪小眼。断腿巴利可怜巴巴地挤在人群里,竭力装出一副潇洒样,可话到嘴边却带了哭腔:"鸭子,一个人当心点!"

穿越撒哈拉的两天两夜

联合国安理会关于空中封锁利比亚的 748 号决议令我和英文记者润哥吃尽苦头。由于没有航班,我们不得不从陆路辗转到边界,再假道托布鲁克、班加西,紧贴着撒哈拉沙漠边缘一直向西。分社社长断然拒绝了我驾车穿越撒哈拉的计划,因为同行的润哥不谙驾驶,我一人在沙漠中连续驾车缺乏安全保障。

嗅着沙漠的气息,我仿佛又回到海湾战争中的伊拉克,正伙同巴格达使馆的弟兄们驱车横穿伊拉克沙漠。可眼前是几十人挤在臭烘烘的公共汽车里,既无昔日轰炸的刺激,更没有自己开吉普可随心所欲的浪漫,一想到要熬过 48 小时才到目的地,我恨不得一口气憋死。我这人嗜吉普车如命,当年我在驾校学的是吉普、秦岭林海追熊猫坐的是吉普、青藏高原探险开的是吉普、海湾战争中往返巴格达—安曼的还是吉普。我喜欢开吉普探寻无人涉足的小径、体会妙不可言的冒险乐趣,在干涸的河道的浮沙上露宿,让滚烫的流沙埋过赤裸的躯体,洗去长途驾驶的疲惫,只有令人窒息的喀新风(沙漠热风)才能使我体会母亲怀抱的温馨。

出亚历山大西行 113 公里,即著名的阿拉曼战役旧址。50 年前的这个季节,德国最年轻的陆军元帅隆美尔从利比亚向东直线推进 2000 公里,进逼苏伊士运河,与英军大战于阿拉曼。我们的大巴士正沿着当年隆美尔且战且退的海岸公路行进,路两侧成群的无名战士墓沉重肃穆,令我从枪口的冷钢得出无限遐想,冥冥寒夜中隐约听到隆美尔北非军团的熄灯号声。

终于熬到彤云散尽、旭日东升,大巴士在蛇腹形铁丝网间穿行,不知不觉正通过边境。留下润哥"看堆",我一人肩扛手提相机、放大机、传真机去报关,看到两位长官无休止地下国际象棋,我忍不住建议中校用皇后去吃对方的马,由此引发一场鱼死网破的厮杀,了却残局。

进入利比亚境内,并未遇到海关、边防站之类的任何阻拦,因为利比亚民众国把所有阿拉伯国家视为自己兄弟,故无国界。沿海滨公路西行,碧波万顷、彩霞满天,连绵不断的橄榄林、金黄的草场、白顶的农舍、蜿蜒其间的水渠和一望无际的紫花地丁,宛若列宾油画中的俄罗斯。唯有每逢路口,高高竖立的利比亚领导人卡扎菲的画像才提醒你眼前就是利比亚。路旁的路标和交通标牌已被白油漆涂抹得看不出所以然,据说是防备以色列特种部队和美国入侵。中午,我和润哥钻进撒哈拉沙漠边缘一家无名小店,徒手吃了只比野麻雀大不了多少的阿拉伯烤鸡,连吃两大盘盐水煮蚕豆,总算填满了肚子。

下午两点半,大巴士缓缓驶入班加西,乘客奉命在一处遍布垃圾的广场下车。我和润哥以及另外五位要去的黎波里的乘客被集中起来，一位穿皮茄克的大汉收走了我们的护照和车钱，答应为我们七人安排一辆小车继续走完剩下的1100公里路程。可三个小时过去了，我们还蹲在大垃圾堆旁望着往来车辆荡起遮天蔽日的尘埃。

终于盼来个长着一双烂桃般火眼、穿着件脏得无法辨认本色的长袍的胖子，他自称是内务部管查验签证的。胖子端起我们的护照瞪着火眼琢磨良久，又紧贴到我们脸前，逐一辨认我们的面孔，逼视得我跟着他一起迎风流泪。

我们被塞进一辆丰田工具车，原说只坐7个人，可此时竟塞进来17个。我那条因受伤萎缩了的右腿不得不蜷到粗壮的左腿下寻求保护，膝上摞着传真机和装了尼康F3及6个镜头的器材包，由此开始了下一段1000多公里的旅程。

夜幕降临沙漠，汽车又莫名其妙地没油了，沿途所有加油站全关了门，以纪念美国轰炸利比亚六周年。1986年4月15日，美国空袭阿齐齐亚兵营，致使包括卡扎菲养女在内的41名利比亚人丧生，从此，每年4月15日，利比亚全国海陆空交通、通讯全部关闭以示悼念。

虽然刚晚上9点，可撒哈拉大沙漠的夜风已利刃刺骨。我只穿了条单裤和一件红背心，白天挺风光，可此时真羡慕阿拉伯兄弟的长袍和裹在身上的羊毛毯。与17名乘客同车共济，我绞尽脑汁变换着大腿小腿的位置，调整坐姿，将身体倚靠到别人身上，以争取尽量大一点的生存空间，从腥膻汗臭的毛毯上分享一丝一毫的温暖。润哥耐不住性子，持护照找到加油站，声称自己是卡扎菲上校的客人，可人家连眼皮都没抬:"那让卡扎菲接你好了!"

终于熬到午夜 12 点,几百辆车蜂拥着挤进恢复营业的加油站,碰撞怒骂之声不绝于耳。我们车上由于有 17 条好汉,抢油泵的、堵别人车的、大打出手的、叫骂助威的各显其能,自然抢在最前面加满了油,得意洋洋上了路。

经过打架、发动机漏油之类天灾人祸停停走走,到 4 月 15 日下午两点,我们经过 45 小时的长途远征终于驶进的黎波里,我和润哥满脸泥垢,眼窝发青,两腿发软,钻出汽车几乎跌倒。

我拍制裁下的利比亚

早就听说利比亚是个不许随便拍照的国家,但想不到比我在海湾战争中经历的伊拉克更甚。我的一位朋友曾因身背相机在的黎波里街头徜徉而被勒令交出胶卷,理由是"尽管你现在没拍,可谁知道你刚才拍了什么"。为了防备美国、以色列入侵,的黎波里街头所有的交通路牌全涂上了白漆,让人分不清东西南北。我们在安理会空中封锁利比亚的 748 号决议生效之日抵达的黎波里,深感乌云压城的气氛。

清晨,我与润哥及由突尼斯赶来的阿文记者小拱驱车赶赴的黎波里机场,采访空中封锁头一天的反应。为避免保安人员注意,我将挂在脖子上的尼康 F3 紧贴到肚皮上,装出漫不经心的样子,暗中偷拍了张机场外景。走进机场候机大厅,国际候机厅冷冷清清,所有的航班起降显示牌全是空白。利比亚航空公司飞往罗马、开罗、苏伊士的航班全被拦截。到问询处打听能否乘飞机回开罗，回答是："要么坐船到马耳他转飞机，要么开车到突尼斯吉尔巴岛换船。"我发现一位穿阿拉伯传统服装的妇女带着两个孩子呆坐在候机厅一角，便凑上前去搭讪，称赞孩子长得美。博得好感后，端起装 24 毫米广角的尼康 F3 连拍了两张。可还没等相机马达啸音散去，一只熊掌般的大手抓住了我的左肩，连拉带拽地将我推进墙边的一扇小门，我只看到润哥和小拱两张扭曲的白脸一闪便消失在门口。

我被两个彪形大汉按在墙上，脖子上的相机已被夺去，任我拼命蹦跳挣扎，放声用阿文大喊："我是中国记者！"可就是无人理睬。我像条被钉在门板上的鳝鱼，明知反抗无用可还是不停地挣扎。直到过了一刻钟，一位西装男子走进来归还我相机，我才安静下来。相机完整无损，可里面的胶卷已被曝光。我被简明扼要地告知："立即离开机场。"

返回我们居住的中国大使馆，一肚子怨气没处撒。我的老板、新华社摄影部主任说过的一句话总在我耳边炸响："永远别跟我解释为什么没拍到、为什么没拍好。我只问你要新华社传真照片。"

次日清晨，阿文记者小拱说利比亚新闻部要求摄影记者马上到海门饭店集合。我撒腿就往楼外跑，不小心正踏在一根废钢筋上，只感到右腿一麻。低头看时，断钢筋刺穿彪马运动鞋帮，直抵右脚腕，血流如注。我从摄影包上扯下一段胶布，先缠脚后缠鞋，单腿蹦着上了车，小拱问扎得怎么样，我硬挺着说没事。

由于联合国对利比亚的空中封锁，首都的黎波里出现了抢购风潮，一名小学生帮家里抢购葱头。

急急忙忙赶到海门饭店，可什么人也没有。大堂里小个子路透社摄影记者哈米正一人半躺在沙发上，我问他是否拍了什么好照片，他说拍个屁。哈米是突尼斯人，说一口漂亮的阿拉伯语和法语，他说我可以无偿使用他设在海门饭店1345房间的暗室。哈米曾要求拍摄机场、海港和使馆区，可答复是没有讨论的余地。他朝我撇嘴、耸肩、瞪眼："咱们干什么来了？"当他听说我昨天在机场被曝光后哈哈大笑："把胶卷裁短些，每卷五张。"

直耗到中午，新闻部的一位官员才将我和开罗电视台驻利比亚的记者塞进一辆旧奔驰，直驶一个不知名的自由市场。这个市场足有一个足球场大，摊上摆着菜花、生菜、洋葱、土豆、西红柿和比拳头还大的大蒜头等蔬菜。由于货多人少，商品显得格外丰富。我对站在身旁的陪同说："封锁没给利比亚人民造成困难。"他挺胸点头连称"正是"。这时，一个老头子风风火火地扑过来："中国人，中国衬衫好，洗完了没褶子。"边说边抻出利比亚传统马甲下的白的确良衬衣底边让我摸。引得一帮外国记者围着我看热闹，其中一个小胡子喊我"新华"，我见他眼熟，可怎么也想不起来在哪儿见过他。可这家伙还让我使劲想，直到我痛苦了半天，仍毫无希望才一语道破："在巴格达，你用过我的底片传真机。"我这才恍然大悟，他是法新社的摄影记者拉比。海湾战争结束后，我们曾一起采访过伊拉克政府军镇压库尔德叛乱，想不到今天在利比亚又久别重逢。

拉比的热情丝毫不减当年，拉拉扯扯地把我引荐给美联社摄影记者尤瑟夫，还有我早上刚认识的路透社的哈米。

男人们聚在一起，其破坏力量按几何级数增长。以追逐热点新闻为生命、频频与死神接吻的摄影记者尤好争强斗狠。当下众人起着哄要求多拍些地方，法新社拉比被推举为代表去与利比亚人交涉，但任凭他巧舌如簧，还是毫无结果。

我预料这帮好汉们已经黔驴技穷，于是独自返回中国使馆另辟蹊径。司机王小立见我空手而归、神色黯然，问我是否愿意陪他去各国使馆送文件，说不定能"逮"个一张半张的，我想也没想就跟他上了车。

我们直奔俄罗斯使馆，三辆被砸毁的外交车还歪在俄罗斯使馆门前，这是10天前抗议俄国支持空中封锁利比亚的人们的"杰作"。我隔着车窗哆哆嗦嗦地连按两张，王小立瞥了神色慌张的我一眼，壮着胆说："没事儿。"

我们径直开进委内瑞拉使馆院内，一群荷枪实弹的保安人员立即将我们的大奔驰围在核心，吓得我赶忙把相机夹在膝盖底下。10天前，当安理会通过空中封锁利比亚的748号决议时，委内瑞拉碰巧是本届安理会主席，由此激怒了一批利比亚人，他们一把火烧了委内瑞拉使馆。

离开委内瑞拉使馆，眼前是雄伟的老王宫，我忍不住对准老王宫拍了一张，相机还没放下来，斜刺里冲出一辆奔驰280，一下子把我们的车别到路边，车里跳出两个穿军便装的大汉直扑我们的车。我挺紧张，准备随时交出相机，可王小立让我别动。只见他隔着车窗朝外面打手势，急得外面的军人犹如鱼缸外面的猫，围着我们连连打转，直到记下汽车的牌号，才说了声"OK"放我们走。

到孟加拉使馆送完文件，我们打算去买些点心，正撞上使馆会计开着小丰田迎面而来,他隔着马路朝我们大喊:"唐老鸭,你死哪儿去了? 快去机场,卡扎菲要见你! 大使都快急死了!"

"卡扎菲的专机在等你"

我简直不敢相信自己的耳朵,可王小立已经一打方向盘跃上了机场路。我将信将疑地问:"卡扎菲上校会见我? 卡扎菲上校?"王小立斩钉截铁:"大使还能涮你!"大奔驰闪烁着双蹦灯以 170 公里时速冲出的黎波里,加大油门的啸音如同 F - 14 战斗机的火箭助推器一般轰鸣。我说:"哥儿们,我身上的胶卷全是五张一卷的,能不能回家取俩胶卷?"

冲进静悄悄的机场大门,穿过空荡荡的停车场。守候在贵宾室门口的几位利比亚官员正向我们招手:"是中国使馆的吗?"我来不及回答,抱着摄影包紧跟着他们冲进贵宾室。王大使一把抓住我:"鸭子可来了,我总不能老扣着专机不让飞呀!"一架苏制安 - 24 马达轰鸣着停在空荡荡的停机坪上,这就是卡扎菲的座机。我们六人依次登上专机,想不到飞机上已有两位姑娘,一位金发碧眼,一位卷发黑皮肤。

坐在我对面的黑人姑娘一言不发,托腮的右手虎口有一块铜钱大的刀疤,她身着紫色连衣裙,脚登坡跟黑皮鞋,不论问什么,只是报之以训练有素的友好笑颜。我让小拱用阿文问她能否拍照,她说"听真主的",小拱解释说这等于婉言拒绝，并让我把相机装回包里，堆在行李上，因为这漂亮的黑姑娘"神情紧张"。我几次试探着将手伸向相机，但可恨的润哥不停地捏我胳膊，让我别因小失大。

我转而琢磨起那位白皮肤姑娘。从我的位置侧角度看过去，是一张标准的雅典美女的剪影。隆准、卷而奇长的睫毛、灰蓝色的大眼睛，眼窝深陷弄不清有多少双眼皮，皓齿如编贝，白天鹅般长脖子上挂着条精细的项链。一身退色的蓝 月(Blue Moon)牌牛仔装，纤细的小手轻巧地搭在我面前的扶手上。秀发四处飘洒，几乎打到我脸上，清香四溢。我上前"套磁"，她自称叫"佳米拉·穆罕默德"，是的黎波里大学地理系的硕士生，对农业有相当丰富的知识，追根寻源问我中国三北防护林的长度、宽度，是复合林还是单一树种、是针叶还是阔叶、是灌木还是乔木……可望着她那紧绷绷、满是腱子肉的小腿，我怎么也不信她是个女学生。我用右肘捣了一下润哥："我敢打赌，她准是个女保镖。"说得他将信将疑。聊起 1986 年 4 月 15 日美国借口西柏林夜总会爆炸案轰炸利比亚、可事后调查此事与利比亚无关时，佳米拉拍案而起："41 个利比亚人白死了，美国凭什么？"话题又扯回农业："我们渴望中国的农业技术，中国蔬菜在这儿长得特别好。"我问佳米拉："你不想去美国学农业吗？"她斩钉截铁地回答："不！美国把我的同学全赶回来了，英国也不会给签证，说我们全是恐怖分子！"我们问道："那你为什么不去中国留学？"佳米拉两手一拍："空中封锁，我去不了呀！"我打开笔记本，打算记下这段有趣的对话，可利比亚礼宾官示意我收起纸笔。

下午 1 点 25 分，我们的总统专机经过一小时的飞行，缓缓降落在班加西机场。30 年前，这里曾是美国在非洲最大的海空基地，可现在的机场静悄悄，唯有我们的小飞机蜻蜓般地滑跑。机场尽头树丛中，恍惚可见涂有沙漠迷彩的米格－23 和苏－22 雄赳赳地仰望长空。我们的总统专机在一个小车队前停稳，三辆奔驰 300SEL 和两辆面包车早已守候在这里。我们六人分乘三辆大奔驰浩浩荡荡冲出机场，以 140 公里的时速飞奔，我低头看了眼手表又抬头看了看太阳，我们正朝西南方向急驶。

我们被送进一座名叫 Aozou 的五星级饭店住下，大堂内出售的竟有福建出的"福达"彩卷。我伸出舌头舔了一下浴室自来水龙头，意外地发现这里的水竟然不咸，美得我扒光衣服痛快地洗了个澡。在此之前，我的头发被的黎波里的咸水洗得根根直立，一舔上嘴唇犹如舔老咸菜一般。可还没等我洗完，屋里的电话就响了："你好，马上到楼下集合。"

卡扎菲对我说："你能卖 100 万。"

大奔驰驶出 Aozou 旅馆呼啸而去，根据太阳方向我们正驶向东北，我见润哥紧张地抓住汽车扶手、青筋暴露，我自己的心也提到了嗓子眼。15 分钟后，我们驶过一座竖有"禁止通行"标志的大木桥，在一堵绿墙外停下。从我们的开道车上走下一个官员，与大墙下的门卫嘀咕了有两分钟，我们的汽车才缓缓驶入，沿简易沙漠公路缓缓而行，一扫刚才横冲直撞的雄风。四野是狂风劲草,大有藏龙卧虎之势。草丛中有"丰田巡洋舰"、"尼桑巡逻兵"、"三菱大山猫"各色吉普,许多戴牛仔帽、提 AK－M 步枪的身影闪烁其间。再向前是一辆奔驰牌 8 吨油罐车、双联 23 毫米高炮和土黄色炮衣掩盖着的防空武器。我们奉命停车,等候警卫人员用步话机通知下一站,讨论是否放行。大约又折腾了半个钟头,我们终于来到一块阳光灿烂的开阔地,两辆长 40 米、载重 50 吨的巨型奔驰牌移动房屋拖车停在草丛中,附近是成群的绵羊和深棕色的骆驼。我早就听说卡扎菲到南斯拉夫参加不结盟会议时就带了一大群骆驼,因为每天他都得喝骆驼奶。青出于蓝,卡扎菲上校的儿子赛福·伊斯拉姆去奥地利留学随身带着佛利德、巴尔尼两只老虎。我们走出汽车,跟着持枪警卫趟着没脚面的枯草往前走,路尽头有一个风向标,脚下显然是一条轻型飞机跑道。

我们三个记者被引进一座四面镶有铝合金门窗的小屋休息,真想不到在烈日炎炎的利比亚大沙漠中竟能喝上美帝生产的冰镇百事可乐。从早上到现在我只吃了一碗稀粥和两个"袖珍馒头",此时饿得我恨不能挤进骆驼群中吃草。

下午 4 点整,我们穿过羊群,被引进一座开口向东的大帐篷,我一眼就看见了坐北朝南坐在大皮沙发上的"九·一"革命领袖卡扎菲上校。50 年前的 1942 年,卡扎菲出生在利比亚费赞省锡尔特地区一个卡达发族人家,21 岁进班加西军事学院,25 岁留学英国学习军事,27 岁组建自由军官组织推翻伊德里斯王朝建立了阿拉伯利比亚共和国。卡扎菲在他的《绿皮书》中提出了所谓的既反对资本主义、也反对共产主义的"世界第三理论",并以此为依据对国家的政治、经济和社会制度进行改革。由于出身游牧民族,他主张没有等级的部落社会自然公平。喜欢住在帐篷里远离豪华住宅,喜欢骑骆驼。他推行部落文化和伊斯兰教的混合物,禁止饮酒和过分娱乐。现在,由于他拒绝交出1988年在苏格兰洛克比上空爆炸的泛美航空公司疑犯而与世隔绝。在我眼中卡扎菲是力主阿拉伯团结的有远见的政治家、革命英雄、民族社会主义改革家。可在西方眼中,他是无恶不作的恐怖之首。我在电视上多少次看见过他的姿容,可眼前却是近在咫尺。

卡扎菲上校静坐在棕色大皮沙发里,两肘支在一张两米长、一米宽的白漆木桌上,正在认真地看文件,鼻尖上架着一副金丝边的罗登斯德花镜,这位戏剧性的领导人一扫军人作风,变成了戴眼镜的学者,令我想起了托尔斯泰。我正想冲上去拍照,一只大手猛抓住我的右肩,一位便装男子附在我耳边低语道:"你只许拍五张。另外,不许拍帐篷以外的事物,更不许拍上校周围的人。"我这时才注意到卡扎菲左面两米远处一位老头正在用木炭煮红茶。再过去是位至少有1.90米高的彪形大汉,登伞兵靴,穿皮茄克,浓眉大眼,头上缠着贝都因人的包头。令我想起《三国演义》中的马超、马岱。

人们很难说卡扎菲在想什么,更无法预测他下一步将做什么。在短短几分钟里,他时而面无表情凝视远方,时而仰天大笑或勃然大怒声讨美帝暴行。我毕恭毕敬地走上前,像在可可西里拍野牛那样单膝点地,以避免因过分紧张而造成的抖动。看到我聚焦，像所有上惯了镜头的大人物一样，卡扎菲欠起身子披正了镶金边的阿拉伯长袍，用力吸了一口气，这一吸仿佛将帐篷中的氧气吸了个一干二净。他见我只拍了两三张就停了下来，就再次整理衣服，见我仍不动，就用缓慢的英语朝我问："Any Problem（有麻烦）？"他哪里知道他手下的人给我的命令是"只准拍五张"。我哆哆嗦嗦地拍完这五张，倒退着退出大帐篷，蹲坐在地毯边缘，贪婪地注视着大帐内的卡扎菲上校。他真像一位沙漠君主，身体后仰，靠在棕色大皮沙发上，昂首挺胸，以至在相机取景器中占大量面积的是他那骄傲的下巴和狮子般的鼻孔。这种情况我只在 1988 年 1 月采访阿兰·德隆时遇过，可阿兰·德隆霸道做作肤浅，带着一种演员特有的夸张的豪气。而卡扎菲上校昂首阔视却带有贝都因游牧部落自然的大漠气息。像恺撒大帝迷信红色一样，卡扎菲上校穿着一件大红的鳄鱼牌（LACOSTE）运动衣，外罩一件银灰色纱制阿拉伯长袍，袍的两襟镶了简朴的金边。伴随着缓慢的手势，上校时而英语、时而阿拉伯语侃侃而谈。在我眼中，卡扎菲上校是位受过良好教育、骨子里高贵儒雅、逻辑性强、能熟练运用阿文、英文表达自己政治意图的政治家，由于民族和地理特点，带着迷人的传奇色彩。凝视着他高昂的头和轮廓分明的嘴唇，我想起身披红色战袍的恺撒大帝正对侍从口授他的《高卢战记》。

不知不觉已过了 45 分钟，卡扎菲似乎注意到始终蹲坐在帐篷边缘、怀抱相机如痴如醉和他一样穿大红上衣的我。上校朝我招手、示意我过去，并用英语说："If you want you

在阿拉伯国家中,利比亚的黎波里女子军事学院是妇女们向往的地方。这里看不到头裹纱巾的妇女。这是学员在试射 AK—47 步枪。

卡扎菲的高炮女兵

can take any picture here(如果你想拍,你可以随意拍)。"我像一束紧绷的弹簧一跃而起,其感觉类似大赦了的囚徒。

采访结束,我走上前用英语问卡扎菲上校能否与他合影,他宽宏地仰天大笑,拉住我让我紧靠在他左边,我的右手与卡扎菲上校的左手十指交叉,紧紧握在一起。我就势掏出笔记本请上校为我签名,上校从桌上摸起一支大红"斑马(zibra)"签字笔,挥洒出一片红色的阿文:"谨表敬意。穆阿迈尔·卡扎菲。"

他用左手将签名递给我,用右手拍着我的肩膀用英语说:"你可以卖100万。"言罢又哈哈大笑,我亦跟着开怀大笑起来。

卡扎菲上校将我们送出帐篷,中午与我们同机而来的黑皮肤少女正和其他五位同样的黑皮肤少女一起坐在草坪上,见我们走出来,便一起哈哈大笑,我抢上前挽住她的胳膊合了张影。放眼四望,我在寻找另一位同机而来的金发旅伴,可惜枯草莽莽,一无所有。就在我们钻进大奔驰离去之际,我突然发现她正站在夕阳里,满头金发随着撒哈拉的狂风上下飞舞,还是那身退色的牛仔套装,只是上衣脱去,露出柳腰间银光闪烁的手枪来。可陪同制止我照相,我一万个不愿意地将相机塞回包里。

黄昏,我们的总统专机从班加西机场直冲蓝天。我平躺在专机惟一的一张沙发床上,想象卡扎菲上校躺在这里的情景,耳边回荡着红袍恺撒的一句名言:"我来了,我看见了,我赢了!"窗外是波涛汹涌的锡尔特湾,远方,残阳如血。

"非法入境"的前前后后

一

1992年6月22日,路透社、法新社等世界重要新闻机构同时播发了一条足以断送我前程的电讯:"新华社记者唐师曾驾吉普车自西奈非法闯入加沙地带,以色列南方军区追捕数小时后将其拘押。"以色列电台的新闻广播使我臭名远扬,继而是多米诺骨牌式的讹传——《以色列消息报》、《约旦时报》、《埃及华夫脱报》……远东的港澳报刊也一哄而起,可抓住一个敢在加沙折腾的中国倒霉蛋了,就连中国大陆的某大报也卷了进去。眨眼间,我成了驾MIG-25飞往函馆的别连科,或是从天降落在红场的鲁斯特。

令我啼笑皆非的是,就在我的新闻同行绘声绘色描绘我在以军枪口下的种种狼狈之时,我却在特拉维夫阳光明媚的哈美利兹大道为沙米尔拍照。当这张新华社特拉维夫传真照片被《大公报》采用时,《星岛日报》还在做"大陆记者非法入境,以色列军队穷追数小时"的文章。到这个时候,我才恍然大悟为何那天在我吉普车顶上盘旋的"眼镜蛇"武装直升机带着"陶"式反坦克导弹；而迎面挡住我去路的那辆 M113 装甲车上的 7.62 毫米机枪在瞄着我的脑壳。

<h1 style="text-align:center">二</h1>

我本应早些时候由开罗动身前往大选在即的以色列，可种种繁文缛节直耗到 6 月 21 日中午才开亮最后一盏绿灯。当我驾车渡过苏伊士运河，横穿整个西奈半岛驶抵埃以边境时，已是晚上 9 点。埃及边防军不许我靠近，命令我折回 55 公里以外的阿里什去住旅馆。可我一想到孤身摸黑横穿沙漠，总有点不寒而栗，多亏一位名叫埃尔桑的埃军准尉，破例让我将车停在哨所的灯影里，我感激涕零地掏出红茶、香烟、清凉油分给弟兄们，说尽我所会的所有表示感谢的阿文单词后才钻进吉普车后座的睡袋里。

我开的是辆 1991 年款的丰田陆地巡洋舰，广东人称之为"沙漠王"。线型排列 6 缸 4500 毫升"3F"汽油发动机和沙漠色的防热漆，是专门为海湾产油国设计的，其公路水平速度可达 180 公里/小时，负重爬 30 度陡坡，超"奔驰 260"如探囊取物，更不用说沙漠越野了，我曾让它的前轮爬到胡夫金字塔的基座上。从红海到地中海，我驾着"无言的战友"跑遍整个埃及，我管它叫"长腿沙漠跳鼠"。我说过我嗜吉普如命，驾校学的是吉普、追大熊猫坐的是吉普、青藏高原探险开的是吉普、海湾战争往返安曼－巴格达的还是吉普。我喜欢开吉普一人远行，任意在沙漠上驰骋，寻找汉尼

· 23 ·

拔、巴顿、隆美尔、巴列夫们鏖兵的遗迹，缩在吉普车里露宿。

入夜，沉重的喀新风卷来上万只伊蚊，吹着"军号"向我轮番进攻，害得我将清凉油通体涂遍，权当驱蚊剂。刚刚入梦，又被值勤的埃及哨兵弄醒，让我分享滚烫的煮红茶，从此再也没睡踏实。接连不断的噩梦、驱赶不走的蚊群的尖啸犹如当年的"飞毛腿"警报一般彻夜不停。

在边境熬过一个难眠的仲夏夜，已是 22 日凌晨，离以色列大选还有 24 小时，可我还未踏上以色列国土。和埃及边防军挤在一起啃阿拉伯大饼，远眺沙漠旭日冉冉升起，景致虽好可味同嚼蜡，心急如焚。

三

在埃尔桑准尉帮助下，我好歹办完了离境手续。埃方收走了我的所有物品的证明文件：包括汽车、相机、放大设备、传真机过关证明、吉普车行车执照及汽车号牌，只将护照还给了我。我大惑不解地追问没有行车执照和号牌的汽车能否上路时，一位便装男子朝以色列方向一指："那个操蛋国家（Fucked country）会给你安个新的。"

我开着这辆没有牌照的大吉普咆哮着冲出埃及，就像当年乔治·巴顿强渡莱茵河。现在惟一能证明汽车身份的是前风挡上手提相机狂奔的卡通人唐老鸭和我手书的拳头大小的英文：Xinhua News Photo（新华新闻摄影）。

穿过 100 米长的全封闭地带，眼前是高悬蓝白大卫星旗的以色列边境。蛇腹铁丝网后蹲坐着头顶钢盔、戴墨镜、穿防弹背心、裸着大毛胳膊、平端 M－16 步枪的以军。我摇下车窗，右手戳向太阳穴，来了个联合国军式的军礼，摘下墨镜，用海湾战争中学来的两句半希伯来语大喊："沙巴沙龙(安息日好)！哪条路通耶路撒冷?"一位小个子士兵倒背起 M－16，朝我回了个巴顿式的军礼，咧开大嘴："照直走！日本人！"边喊边跑到角铁焊成的拒马旁，移开挡在路中央的横杆。

在我前面是辆 MFO(多国部队观察员)的大号雪佛莱 4×4，还有一辆 UNTSO(联合国停战监督组织)的大吉普。在中东，军车在值勤或集体调动中，不论昼夜都是开亮大灯的，美军、伊军、以军……全是如此。我前面的两辆军车分别属于挂玫瑰红旗的多国部队和挂蓝色联合国旗的联合国军，尽管风马牛不相及，但同样亮着大灯，我亦步亦趋紧随其后。伴随汽车收录机中瓦格纳辉煌的旋律，我的沙漠鼠以 120 公里的时速狂奔着。沙漠太阳升起来，我放下遮阳板，戴好波拉墨镜，可映在引擎盖上的另一个太阳照样刺得我双目微合。踌躇之际，雪佛莱和大吉普一左一右拐下公路绝尘而去，公路上只留下我单人独车疾驰突进。

继续前行，道路更差，以军哨卡却渐多，往来全是包了铁丝防护网的军车。途经一片桔林，劈头盖脑飞来一阵石雨，紧接着砰然一声巨响，一块比拳头还大的水泥块正命中我前风挡上端。显然，被占领土的巴勒斯坦人错把我当以军了。在以色列，汽车牌照共有五种:7 位数黄牌为正宗以色列人;6 位数黄牌为以色列本土的巴勒斯坦人;白牌为加

· 25 ·

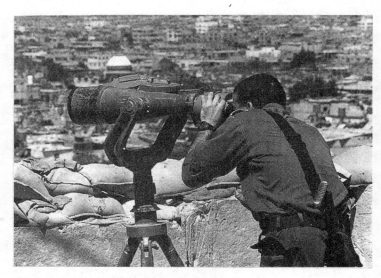

在监视巴勒斯坦人　加沙制高点的以色列兵

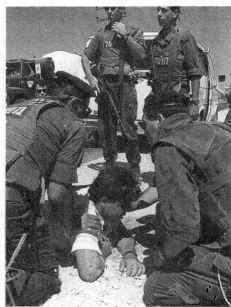

的巴勒斯坦人按倒在地　加沙的以色列士兵将一名示威

沙地带巴勒斯坦人;蓝牌为约旦河西岸巴勒斯坦人;绿牌为巴勒斯坦人的出租。而我驾的车没有任何牌照。我加大油门选择东北方向最宽的道路落荒而逃,根据闪击战理论(Blitzkrieg),速度可以改变一切劣势。我慌不择路,直到落满尘垢、死气沉沉的"欢迎来加沙"横幅从头顶上一掠而过,我才意识到我已单枪匹马穿过了加沙城。

看一眼手腕上的指北针和右座上的公路图,阿什克隆已经不远,离特拉维夫不足 200 公里。就在我暗自得意之际,一辆兰德·罗孚警车将我别出公路,一辆 M113 装甲车威风凛凛地横在我面前。

四

我就这样被押进了加沙检查站与阿什克隆之间的一家警察局,我的大吉普像外星飞碟一样被看管起来。一位长得颇像林肯的警察中校收走了我的护照:"你有权保持沉默……"就像警匪片中的纽约警察。

显然,警方对我能在光天化日之下突破"世界第一陆军"防线,纵深以色列几十公里大惑不解。尽管我的护照和以色列签证合法齐备,可就是连人带车奇迹般地越过了边防和海关。

"你不是第一次开车出国旅行吧? 环球旅行家?"警官掂着我厚厚的护照讥讽道,"那是,"我堆起一脸的灿烂,"不过,那是从巴格达开到安曼,您知道,约旦和伊拉克就像亲兄弟,何况天上还有多国部队的轰炸机,战争状态。我还从在以色列，热恋中的情人也手不离枪。

开罗到过的黎波里,那是做卡扎菲上校的客人,而利比亚与埃及间根本不设边界。贵国虽说来过,可乘的是特拉维夫私人运动飞机,海湾战争使贵国的所有航班全停了。在希尔顿顶层我拍到了"爱国者"迎击"飞毛腿",还在拉马特甘炸飞的民居前撞上了阿里尔·沙隆……""难怪有这么大胆子。"警官撇嘴揶揄道。我借机献媚:"是以色列造就勇敢的人。"一句话逗乐了警察中校。

警官继续翻着我的新华社记者证问:"你在哪儿学的车?""北京警察学院。""那咱们还成同行了,难怪追了你半天。"他指着记者证扉页上与我并肩合影的苏大爷(苏仲祥,原北京市副市长兼公安局长)问:"他是你师傅?""哪儿敢呀! 他是北京市公安局长。"中校端详了一阵,喃喃自语:"像个好警察,怎么,他管区人口是以色列全国人口的两倍半?"

我将警官的笔录看了两遍,确信没有对我不利之处后才在右下角签了名。警官将笔录夹入卷宗:"对不起,国防军的先生们已经在外面等得不耐烦了。我想你得跟他们走。"我知道事已至此,只有听天由命。不过我有权用电话通知一下新华社耶路撒冷分社。警官阻止我说:"不必了,你已经上了电台,全以色列都知道'飞人使南方军区跳了起来'。"可我仍坚持给耶路撒冷首席记者打了电话,告诉他我现在的坐标。

五

出警察局,两辆包着防护网的国防军吉普车紧逼着我的大吉普,整整两车头顶包了迷彩布的盂型钢盔、穿开福拉防弹背心的国防军,虎视眈眈地坐在车上。一位坐在驾驶座上的少尉朝我一挥手:"Flying man, Follow me!"(飞人,跟着我!)

两车国防军一前一后押着我沿加沙公路驶向西南。看着右侧的沙漠太阳由白变红,我几次轻踏油门企图超过前面慢吞吞的军用吉普,可都被摆动着加里尔步枪的国防军逼了回来,黑洞洞的枪口晃得我胆颤心惊。驶入一个小村,国防军作出密集编队的手势,看着他们脚登车帮,向四面八方端起一支支加里尔步枪,吉普车成了向四周乍刺的大刺猬,显然将通过一段由巴解控制的地段。果然,石块从天而降,打在吉普车的防护网上又高高弹起,以军开始还击,跳跃的弹壳落在我大吉普的引擎盖上。急转弯时,前面军车尾部丈把高突突乱颤的鞭状天线竟横抽到我的前风挡上。

我被带进一个四周筑有沙墙的阵地中,只能看到瞭望塔上操纵比利时 Mag 机枪的两个哨兵和懒洋洋下垂的大卫星旗。我被命令将所有物品搬到沙地上,由一帮我认为是军警宪特外加摩萨德的人员仔细检查。我真羡慕他们有如此的耐心,连我车内的装饰板都拆下来,推敲夹层里是否藏了武器,我器材箱中的几瓶显影液被怀疑是"莫洛托夫鸡尾酒"(Molotov Cocktai1,一种著名的汽油燃烧瓶)。

一位戴眼镜者发现我的两台尼康 F3 相机备忘插上分别是我与卡扎菲、阿拉法特的合影后而格外警惕。我坦然地解释说:"我是个在动荡地区拍新闻照片谋生的人;当然,我是个很守法的人。不过,在那些不按规矩打牌的地方得

学会自我保护。在北非，没有哪个恐怖分子敢绑架卡扎菲
上校的朋友；在加沙地带，有一张与阿拉法特的合影，至少
可以不挨石头。"

显然，国防军已经相信我是个货真价实的摄影记者，而
造成我"非法入境"的主要原因是边境上的哨兵。尽管我是
个无辜受害的可怜虫，可国防军仍坚持要把我押回边境，重
新演练一番过关程序。"因为这对你我双方都至关重要，以
色列国防军决不允许任何人突破自己的防线。"

六

我至今仍觉得这不是一般的意外事故，因为当我被以
色列国防军押回埃以边境时，埃及仍拒绝将我的各种过关
文件移交以色列。埃以双方无休止地讨价还价，埃方坚持
最多只能提供各种证明的复印件，而以色列则非要原件
不可。

我和我的大吉普被搁在边界上，一名端 M－21 的狙击
手远远地喝令我呆在车上别动。我深知这种加瞄准具、因
越战而闻名的步枪的威力，其 7.62 毫米的铅弹随时可以把
我轰在界碑上。我乖乖地坐在驾驶座上，可一张生就的硬
嘴兀自不服："战俘还享受日内瓦公约，可我现在像是在奥
斯维辛。"我正全神贯注地与狙击手用手比划，一位戴"边境
联络"臂章的军官从天而降在我车前："国防军中校摩西·达
扬为您服务。"他见我惊讶地闭起一只右眼看着他，便儒雅
地露出一口白牙："的确，我与那位独眼伟人同名同姓。我

以色列军队在加沙追捕恐怖分子

手持加里尔步枪的以军在加沙巡逻

想通知您,尽管埃及仍拒绝移交原件,可我们欢迎您来以色列采访大选。"一位便衣青年变戏法般地锯了两块三合板,用圆珠笔在上面写了"14614",找了段铁丝拴在我大吉普的保险杠上。此时,由耶路撒冷赶来营救我的新华社驻以色列首席记者李红旗,已站在海关的另一端向我招手。

七

路透社 6 月 23 日特拉维夫电:"以色列军方今天纠正了中国记者自埃及边境闯入加沙地带的说法。军方在一项声明中称,中国新华社记者唐师曾并未如早些时候报道的闯入以色列境内,他只是未受到哨兵的常规检查而已。国防军发现哨兵的错误后,四处搜寻师曾先生,将其带回拉法边境站接受例行检查后已准许其入境。早些时候军方曾声称已将师曾先生驱逐出境。"

以上这条电讯被 6 月 24 日《以色列消息报》、《约旦时报》等同时采用。

在特拉维夫一个宴会上,我被引荐给以色列总参谋长、陆军上将巴拉克。这位娃娃脸、有 35 年军龄的巴拉克将军是以色列特种兵之父,被称为"小拿破仑",是以色列历史上被授勋章最多的军人。巴拉克幼年在东欧因纳粹屠杀失去双亲,移民以色列后投身军旅,偷袭、救人质、反劫机屡战奇功。1973 年他还亲自头戴女性假发、化装成阿拉伯妇女,率一支突击队袭击了阿拉法特驻黎巴嫩总部。对全世界恐怖分子来说,他是惟一的克星。当我的好友、记者李红旗把我推上前,告诉上将这就是那个惹过阿齐兹、搂过卡扎菲、开车闯过国防军阵地的小伙子时,这位以军的最高长官哈哈大笑:"我喜欢!我喜欢!我就喜欢这样的人。"

(作者又及:1995年拉宾被刺后,巴拉克出任以色列外交部长,1997年5月出任以色列工党领袖。如不出意外,他肯定是未来的以色列总理。)

我所知道的阿拉法特

1991 年 1 月 7 日,在黑云压城的巴格达,我平生第一次见到亚西尔·阿拉法特。在海湾战争一触即发之际,阿拉法特是举世惟一公开表示站在巴格达一方的政治家。当时,我才突然发现面前这位叱咤风云的中东名人身高竟然只有 1.60 米,这与我在北大国际政治系课堂上得到的印象大相径庭。在此后的三年里,我作为新华社中东分社摄影记者,先后几十次为阿拉法特拍照,由近在咫尺到勾肩搭背,得意地看着美联社、路透社的摄影记者们朝阿拉法特大喊:"看这儿! 阿拉法特!"

没有国土的元首

亚西尔·阿拉法特是当今世界上惟一没有国土的国家元首,1929 年出生在伊斯兰教、基督教和犹太教三大宗教的圣地——耶路撒冷。他的名字阿拉法特,就来源自耶路撒冷老城附近的一座山峰,原意为"神与吉祥"。我曾先后四次爬到该山山顶,体会耶路撒冷的神圣。

　　早年,阿拉法特之父由于从事反对英国殖民者和犹太人的统治而背井离乡远走开罗,从此阿拉法特一家不得不四处漂泊。阿拉法特四岁丧母,童年的诸多不幸养成他固执、坚韧的性格,崇尚武力。由于与生俱来的领导天赋,自少年时代起,阿拉法特就成为巴勒斯坦儿童的领袖人物。

　　从埃及开罗大学工程系毕业后,阿拉法特在科威特开设了自己的建筑承包办事处,经过一段时间的苦心经营,他开始拥有了七辆汽车和一座别墅。优越的物质生活无法使阿拉法特成为池中之物,他梦系魂牵的是故乡耶路撒冷那座与他同名的小山。第二次中东战争(苏伊士运河战争)后的 1958 年,年仅 29 岁的阿拉法特在科威特秘密建立巴勒斯坦抵抗运动"法塔赫"。七年后,他领导的巴勒斯坦游击队开始武力反抗以色列统治被占领土,巴勒斯坦革命由此爆发。

作为巴勒斯坦解放组织的领导人,由于"法塔赫"坚持以各种手段反抗以色列对被占领土的统治,阿拉法特被视为头号恐怖分子,无法返回自己的故乡耶路撒冷。第三次中东战争(六日战争)爆发后,为配合阿拉伯联军与以色列的正面作战,阿拉法特化名"阿布·奥马尔",秘密潜回约旦河西岸的纳布卢斯领导地下抵抗运动。

阿拉法特的身高在人高马大的阿拉伯世界显得有些矮小。这位四处漂泊的政治家一年四季总穿一身墨绿色的军便装,上衣扎在军裤中,腰悬左轮手枪,系军用武装带。阿拉法特有着超人的记忆力,对于十几年来签署的每一份文件记忆犹新。两年前,在开罗外交部与埃及外长穆萨的联合记者招待会上,阿拉法特不假思索地向我背诵十多年前联合国 242 号决议内容原文。在与阿拉法特的交往中,我觉得他是个感情外露而又好激动的老头,干厚的大嘴唇微微凸起,持久地微笑着。在中东各国的国家元首中,阿拉法特是最乐于与摄影记者合作的一位,每次公开露面都有一大帮摄影师乱哄哄地摆布他:"看这边! 阿拉法特!""再握一次手! 阿拉法特!"而阿拉法特总是宽厚地满足大家的要求,皱起大鼻子,半眯起眼睛,咧开厚嘴唇憨笑,使得整个面孔随之缩短。当他谴责以色列在被占领土的暴行时,立即双睛凸起,脸部鼓得像一只充足气的皮球,伴随着怒吼,右手食指在空中乱舞。

　　阿拉法特总是头缠黑白方格或红白方格阿拉伯头巾，左耳露出，脖子上紧围着另一条同样图形的头巾，塞在军便装衣领里。阿拉法特的头巾围法与北非撒哈拉人、苏丹努比亚人、也门人、贝都因人及海湾各国的围法不同。在非统国家首脑会议上，我与列席会议的阿拉法特再度相遇，这天他围的是条黑白相间的方格头巾。当我问起他与众不同的围法时，他严肃地解释："这是我的风格，阿拉法特风格。"据说，这种只露左耳的围法使头巾呈不规则的巴勒斯坦地图形状："白格代表城区居民，红格代表沙漠中的贝都因人，黑格代表农民。"尽管阿拉法特仍然是当今世界上惟一没有国土的国家元首，而代表其国土的围巾却日夜顶在他的头上，这与越王勾践卧薪尝胆有异曲同工之妙。

阿拉法特接受记者采访

恐怖之鼻

当一些国家将阿拉法特称为恐怖活动的鼻祖时，经验丰富的阿拉法特却得意地为自己嗅觉灵敏的大鼻子得意。年轻时的阿拉法特的确用尽各种暴力手段打击以色列，因而以色列总理贝京将阿拉法特的巴解组织（PLO）称为"暗杀辛迪加"。以色列的另一位总理沙米尔干脆称阿拉法特为"心怀无穷仇恨的人，正在完成阿道夫·希特勒的未竟之业"。

不久前，一名前以色列"摩萨德"特工在《时代》周刊上撰文，承认至少有四次他完全有把握将阿拉法特置于死地，可出于各种原因，全让阿拉法特躲了过去。作为巴解主席的阿拉法特，几十年来一直是"摩萨德"刺杀的头号目标，可尽管险象环生，阿拉法特总是凭借超人的第六感官，从敌人和内奸的枪弹毒药旁滑了过去，化险为夷。这还不算阿拉伯国家间同室操戈的兄弟内讧。

1969年初，一名被以色列"摩萨德"买通的巴勒斯坦人潜至阿拉法特身边，在阿拉法特的坐车上偷装了窃听器和微型脉冲雷达发射器，企图以此为以色列战斗轰炸机指引目标。可阿拉法特凭直觉及时发现了这个装置，使该阴谋破产。半年以后，在约旦"法赫德"游击队营地，阿拉法特指着办公室内一个写着"阿拉法特兄弟亲收"的邮包大喊："这是一枚炸弹，我闻到了火药味儿！"就在卫兵奉命将包裹移出营地时，包裹炸得粉碎。1971年，阿拉法特的坐车在叙

约旦的阿拉伯人游行，要求把耶路撒冷归还给阿拉伯人。

以边境附近的巴勒斯坦营地遭伏击，司机中弹身亡，可阿拉法特却安然无恙。1973年，一架载有100多名乘客的利比亚客机被以色列击落，机上人员全部遇难，但原定搭乘此架飞机的阿拉法特因临时变更了飞行计划而幸免于难。1982年，以色列国防部长阿里尔·沙隆亲自率大军入侵黎巴嫩，把设有巴解总部的贝鲁特西区团团围住，将阿拉法特、阿布·吉哈德、阿布·马赞等人困在其中，轰炸两个半月，但阿拉法特再次逃脱，巴解总部从此迁往突尼斯。1992年底，我奉命前往南黎巴嫩采访被以色列驱逐的415名巴勒斯坦难民时，曾拜谒贝鲁特西区巴解总部旧址，对阿拉法特在炮火轰击下安然无恙大感不解。

巴解总部迁往突尼斯后，以色列仍未放弃从肉体上消灭阿拉法特的企图。1985年10月1日，经过周密计划的以色列空军长驱2400公里，突然袭击位于突尼斯城南郊的巴解总部，一举将巴解总部夷为平地，伤亡数十人。可阿拉法特当天因迟到15分钟而再次逢凶化吉。

自1982年以色列奇袭贝鲁特，阿拉法特便经常以车为家，他的十几辆不同牌号的防弹车日夜待命，随时准备行踪不定的阿拉法特突然行动。以色列情报部一再扬言，一旦活捉阿拉法特，就用直升机把他吊到约旦河两岸向巴勒斯坦人示众。为防止万一，阿拉法特与警卫约定，一旦有被生擒的危险，警卫即可开枪将他打死。

1993年12月初，我与新华社开罗分社首席记者刘顺驱车到埃及—以色列边境小城塔巴采访巴以和谈。在塔巴希尔顿饭店七层楼口，竟与阿拉法特的大保镖相遇，我和刘

一九九三年九月十三日，加沙地带的巴勒斯坦人庆祝加沙、杰里科自治协议签字。

顺当时都以为阿拉法特秘密飞抵塔巴。大保镖将各国记者挡在楼下，只友好地将刘顺和我放进套房，独家采访了巴勒斯坦代表团首席代表沙斯。原来，阿拉法特并未到此，他只是本能地预见到危险，故将自己的大保镖借给沙斯担任贴身警卫，以保障巴以和谈安全举行。

1993年9月13日加沙、杰里科自治协议签署以后，阿拉法特一跃成为各国情报机关关注的头号人物。现在，由于中东和谈的大量活动在恐怖活动猖獗的埃及举行，巴解、"摩萨德"、中央情报局和埃及内政部正竭尽全力保护谈判成员的安全，阿拉法特名列重点保护对象的榜首。

乘飞机最多的国家元首

阿拉法特素有开快车的嗜好，1969年1月他开车从安曼往巴格达看望伊拉克总统萨达姆。那天天降大雨，途中由于车速太高竟将警卫车远远抛在脑后。阿拉法特至此还不满足，继续加速，乃至在超车时撞进一辆载重车的集装箱里，阿拉法特坐车车顶撕裂。20分钟后，赶上来的警卫才救出全身是血的阿拉法特，令人惊奇的是他仅仅手骨骨折。

阿拉法特更多的时光是在飞机上度过的，由于没有自己的国土，阿拉法特不得不频繁地在世界各地飞来飞去，成为举世公认的坐飞机时间最长、次数最多的国家元首。阿拉法特曾对驻开罗的外国记者说："飞机是我的祖国，也是我的坟墓。"

1992年4月7日晚，我正和一帮外国记者聚在利比亚约旦河西岸一对巴勒斯坦兄妹,由于他们的哥哥从事反以活动,他们家的门被以色列军队用焊枪封死。

驻开罗使馆门口催问签证,突然听到阿拉法特的飞机在利比亚上空骤然消失的消息。各国记者说法不一,纷纷赶回办公室发稿。利比亚领袖卡扎菲上校已下令"不惜一切代价寻找阿拉法特";埃及总统穆巴拉克命令埃及空军配合利比亚行动。美国卫星、法国驻乍得的军队也都卷入寻找阿拉法特的行动之中。原来,阿拉法特于4月7日结束对苏丹的访问,乘一架有阿尔及利亚民航标记的"安—26"飞往利比亚萨拉地区,视察巴勒斯坦游击队营地。可刚进入利比亚上空,就遇到一场50年未见的特大沙暴,使阿拉法特的专机与地面无线电联络中断。

阿拉法特失踪的消息举世震惊,几百万巴勒斯坦人祈祷真主,正在秘密和谈的中东各方更为不安,担心巴以和谈夭折。

经过一天多的搜寻,美国侦察卫星最先发现了严重毁损的飞机。利比亚空军也在极其恶劣的气候条件下确定了阿拉法特专机坠落的位置,但因沙漠风暴继续肆虐,机上人员仍生死不明。

阿拉法特事先从不向外界透露他动身的时间、地点和行动路线。阿拉法特声称:"谁也不知道今晚我在哪里睡觉。我坐进汽车后才告诉司机去哪里,飞机驾驶员也只有在飞机升空后才被告知降落地点。"一夜之间,原本行踪不定的阿拉法特在撒哈拉沙漠罕见的风暴之中消失得无影无踪。

阿拉法特飞抵利比亚萨拉地区上空时正值沙漠风暴以160公里的时速呼啸而至,阿拉法特命令马上在附近的库夫拉军用机场紧急迫降,可在飞沙走石的情况下,空中能见度不足 30 米。机长穆罕默德立即用无线电通知地面利比亚军方,请求地面协助,但强大的沙暴使无线电通讯蓦然中断,从此飞机杳无音信。

阿拉法特的专机被沙暴吹离库夫拉空军基地,燃料殆尽、摇摇欲坠。经请示阿拉法特后,机长毅然决定不放起落架,用机腹在荒野上做软着陆。

阿拉法特的战友马上在飞机尾部搭起一个简易掩体,用衣服、枕头等缓冲物堆在阿拉法特周围。飞机迫降时飞机机头扎进沙堆,机身断成三截,机首部分三名机组成员无人生还,五名随员重伤,可阿拉法特仅头部受轻伤。阿拉法特最先爬出飞机残骸,抢救重伤员。之后,点燃火把,命令伤员将尿撒到瓶子中,以备缺水时用。阿拉法特再次从死神黑翼下滑过。

先有国　后成家

阿拉法特被西方报刊描绘成是一位不食人间烟火的清教徒,生性羞怯、不擅与女人沟通,几次求婚遭拒绝后一蹶不振,还有人怀疑他是同性恋。

直到 1991 年秋,年已 62 岁的阿拉法特突然与年方 28 岁的苏哈·塔维尔小姐秘密结婚,举世皆惊。其实,阿拉法特在私生活上并非一个超人:"我是一个凡人,我也非常想有一位妻子和孩子。但我将面临长期斗争,要求任何一位妇女与我共患难都是不公平的。"

约旦河两岸被占领土上的巴勒斯坦居民点的出入口。由于经常爆发巴以冲突，以色列将街口封锁，只留一个小门。

苏哈小姐与阿拉法特都是耶路撒冷人，苏哈比阿拉法特年轻34岁。苏哈5岁时，阿拉法特已是当地的抵抗运动的领导人了。苏哈说："难以置信的是我5岁时听说过的那个男人，最终成了我丈夫。"

苏哈1964年6月17日出生于耶路撒冷布尔吉苏坦的一个信奉基督教的富有的银行经理家庭，父亲是银行家，母亲是记者，创建了巴勒斯坦通讯社。苏哈毕业于法国苏尔本大学，曾在法国获政治经济学硕士学位和语言、文明史博士学位。1984年，芳龄20的苏哈陪母亲前往约旦拜会阿拉法特，从此相识。此后，苏哈辞去巴黎的工作，担任阿拉法特私人通讯员、秘书和经济顾问。1988年，阿拉法特为之奋斗几十年的巴勒斯坦国宣告成立，他本人当选为总统。大功告成、年老思家的阿拉法特恰在此时开始考虑与年轻貌美、才华横溢的苏哈小姐结合，并终成眷属。

嫁给阿拉法特的苏哈不得不放弃许多自由，随时面对死亡，过着聚少离多动荡不安的生活。丈夫的姓氏是世界上最危险的，她当然为这个姓氏骄傲，但同时也是沉重的负担，未经安全人员许可，不得外出行动。阿拉法特太太既不能与新婚丈夫形影不离、共享蜜月的甜美；更无法尽主妇义务，为丈夫做一顿家常便饭。阿拉法特通常每天连续工作十几小时，而且浪迹天涯、萍踪不定，只有凌晨才能同太太单独呆一会儿。新婚妻子苏哈抱怨"我总是担心他的安全，但他却什么都不怕"。阿拉法特则认为"一切都是命中注定，想逃也逃不掉"。

年逾花甲、胡须花白的阿拉法特是位很温存的丈夫，对娇妻体贴入微，每次出访归来都不忘给太太带回纪念礼物。偶有闲暇，阿拉法特喜欢呆在房中欣赏古典音乐，阿拉法特最喜欢《茶花女》和莫扎特的作品。擅长演讲的阿拉法特有时会声情并茂地给太太朗诵名著，整段整段地背诵戴高乐讲演中的名句："法国虽然输掉一场战斗，但没有输掉战争。"

阿拉法特生活俭朴，不嗜烟酒，喜欢喝加蜂蜜的红茶。阿拉法特特别喜欢孩子，他常说："孩子是我们的生命，孩子的重要性并不亚于我们的政治。"

阿拉法特与苏哈的结合，使他要一个自己孩子的心愿成为可能，可他们绝对想不到1995年夏，苏哈在巴黎剖腹生下一个女婴后，她所住的医院就出现了恐怖炸弹，她眼看着嘴里含着橡皮奶头的小东西裹在防弹背心里在保镖护卫

　　在巴以协定签字之日，巴勒斯坦国旗第一次在耶路撒冷的大马士革门升起，下面窗口中是两个以色列士兵。

被以色列驱逐而暂居南黎巴嫩高山上的 416 名巴
勒斯坦人在营地按伊斯兰教规按时礼拜

下被带走。阿拉法特夫妇给新生的小女儿取名萨赫,意为
希望,希望她"生活在一个真正独立的巴勒斯坦国,她在那
里能和以色列儿童一起安全地玩耍"。

1993 年 12 月 12 日,按规定以色列从加沙、杰里科撤
军的前夕,我在埃及开罗总统府最后一次为阿拉法特拍照。
由于直至撤军前夜与以色列总理拉宾长达一整天的艰难会
谈毫无进展,满面花白胡须的阿拉法特一脸倦容。我只记
得他用阿语含混地宣布:"撤军将无限期推迟,再见!"透过
取景器,65 岁的阿拉法特更显苍老,但仍然昂首挺胸地消
失在总统府门口。七天后,我飞回北京,写完这段我所知道

的阿拉法特的故事。此时,我缩在寒冷的北京蜗居之中,遥祝阿拉法特早日拥有统一完整的祖国。

我钻进了金字塔

世界七大奇迹非倒即毁，惟一货真价实、称得上 5000 年历史的，只有埃及的金字塔。几千年的严寒酷暑、沙暴地震……无奈它半分。金字塔启迪来此游览的希罗多德创建历史学、诱使拜谒它的毕达哥拉斯钻研数学、引得不可一世的拿破仑在它面前静坐呆立，冥思苦想……西方关于金字塔的专著汗牛充栋，不下数百种，可至今金字塔仍是横亘古今的一个谜。我们对金字塔的了解大多是种种猜测。

1990 年 12 月至 1993 年 12 月，我充任新华社中东分社摄影记者，整整有两年多时间常驻开罗。从我居住的摩汉迪森小区，即可看到若隐若现的金字塔尖顶。其间，我把我的前任使用的奔驰轿车换成大吉普作为自己的坐骑，一直开进大沙漠，直到将前轮开到金字塔的基座上。

埃及共有 96 座金字塔

从残存的遗迹看，古埃及的法老（Pharao 即国王，原意为住在巨大房子中的人）至少建造了 96 座金字塔，其中位

斯芬克斯像与大金字塔

于吉萨省的小金塔是 1993 年 1 月 13 日最新发现的。当时,我和途经开罗的新华社贝鲁特分社记者邵杰有幸采访了发掘现场,成为世上为数不多亲临这一秘密遗址的人。

在已发现的 96 座金字塔中,经严格科学鉴定的有 48座,共分为阶梯、角锥、弯弓、石棺四种建筑形式。其中阶梯式金字塔九座,角锥式金字塔 37 座,弯弓式金字塔和石棺式金字塔各一座。

阶梯式金字塔是世界上最古老的金字塔,由古埃及第三王朝开国皇帝左塞尔(King Djoser)建于公元前 2780 年,它位于距开罗南 20 公里的古城孟菲斯附近的萨卡拉。这种最古老的阶梯状金字塔的外表附有一层平整的抹面材料。可惜 4800 年的风雨侵蚀已经剥落,化作尘土。据说其阶梯状建筑的原意可能是为已故的统治者修的升天国的阶梯。这里现为每年一届的北非法老汽车拉力赛首段终点。1992 年 10 月,我和安曼分社记者王波参赛,我的大吉普汇集到现代化的钢铁洪流中,咆哮着掠过这座巍然屹立的人类最古老的建筑物。望着阶梯式金字塔下荡起的征尘,发出"万古云霄一羽毛"的感慨。

现各仅存一座的弯弓式金字塔和石棺式金字塔由于位于军事禁区内,严禁参观。我驾大吉普数度在沙漠上做大迂回,试图绕过岗哨进入其中,但都归于失败,乃至遗恨终生。

在四种形式的金字塔中,最负盛名的是角锥式金字塔,它就是我们经常在书刊上看到的那个著名形象。据说这种金字塔来源于大沙漠中自然形成的沙丘形状,古埃及人受到大自然的启示后建造出这种金字塔。由于角锥式金字塔科学、坚固，所以流传极广，苏丹国王雅纳赫利和古罗马皇帝也仿照埃及角锥金字塔，建造自己的金字塔。在法国的卢浮宫，建筑大师贝聿铭建起一座玻璃钢的金字塔形建筑物。至今，西文中的金字塔一词（Pyramid）与数学中的角锥、文学中的宝塔诗还是一个词。

吉萨高地金字塔群揽胜

人们通常所称的金字塔是指坐落在开罗西南吉萨省吉萨高地的金字塔群，这里共有大小金字塔十余座，几乎全都是角锥式金字塔，其中保存得较为完整的就有 9 座。我的吉普车低压胎的花纹遍及金字塔群的沙漠小径。胡夫金字塔（khufu）是世界上最大的金字塔，有 146.5 米高，古希腊人称之为"齐奥普斯"（cheops）。与它相邻的是胡夫的儿子哈弗瑞（khafre）的金字塔，古希腊人叫它"齐普芬"（chephren）。1993 年春，恐怖分子为打击埃及旅游业，在该金字塔内引爆了一颗炸弹。当时，我和《时代》周刊摄影记者"断腿巴利"冒着浓烟钻进哈弗瑞金字塔内抢拍受伤者。尽管如此，哈弗瑞金字塔仍是当今世界上保留得最完整的金字塔。再向西南，是胡夫的孙子门卡拉（Menkaura）的金字塔。胡夫祖孙三代大小各异的三个金字塔构成了吉萨金字塔群的核心。

由胡夫祖孙金字塔向西南方沙漠纵深，是三座小巧的金字塔，据考古学家考证是王后金字塔。这里断壁残垣，一

为防止发生恐怖活动，开罗警方加强警力保卫
金字塔旅游区。

派破败景象。

在胡夫金字塔东南沙漠中，有一组比王后金字塔还小
的金字塔，是古埃及人祭祀用的，可惜已经残破不堪，几乎
没有游人光顾。

1993年1月13日，埃及考古文物局局长宣布，在吉萨
区又发现一个金字塔："这是世界考古学的最重大发现，使
金字塔的数目增至96个。"我四处寻找角度试图表现这一
震惊世界的考古发现，可惜这座小金字塔仅剩边长23米的
石基和塔顶的一块尖顶巨石。据推测，这座小金字塔仅高
13米，是众多祭祀用金字塔中的一座。

1991年底，在吉萨区发掘的 160 个古墓全部为阶梯式、弯弓式、石棺式和角锥式，刚好与金字塔的建筑形式相仿。墓中的象形文字显示墓中的死者曾在金字塔工地劳动过，墓石的质地也与金字塔的石料相同。埃及国家科研中心对墓中 39 具骨骼进行了研究，怀疑是当年修建金字塔的劳工墓地。

1987 年，考古学家在吉萨金字塔区发现一处古港，表明远古时代这里曾有一条运河直通尼罗河。科学家认为，该古港很可能为当年修建金字塔运送过石料。

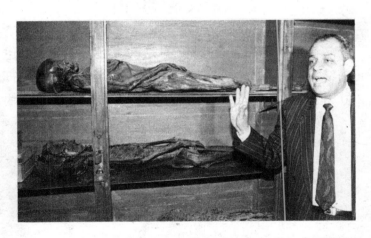

　　1992 年 6 月 18 日，528 件木乃伊在开罗大学医学院通过新闻界首次向社会公布。这批法老时代的木乃伊（完整或残片）包括埃及第三王朝开国国王左塞尔（公元前 2686 年）的木乃伊。这批文物珍品曾一度流入民间和个人手中，其中 30 件为英国人迪理所有，迪理曾计划将文物偷运出境，不料因为放射性物质伤害死亡，这批文物才回到国家手中。

在金字塔群东南，是 30 米高、55 米长的狮身人面像，古希腊人将其命名为斯芬克斯。它由一块完整的巨石雕成，由于 5000 年的风沙侵蚀，两只前爪已经破损。其面部亦已斑驳不堪，相传为拿破仑的炮兵轰击所致。但大多数考古学家认为炮轰狮身人面像的并非拿破仑，而是一位生活在公元 9 世纪的苏菲(伊斯兰泛神论神秘主义者)，这位名叫塞缪达哈(Saem‐el‐Dahr)的苏菲要以此向听众证明狮身人面像仅是一尊石兽而已。

钻入胡夫金字塔内

众多金字塔中最不可思议的是胡夫金字塔，它始建于公元前 2690 年。这座金字塔完全用取自当地的岩石，打磨成 230 万块堆积而成，每块巨石重约 2.5 吨，石块与石块之

在金字塔隧道内只能弓身而行

间没有任何黏合材料。这座巨型四棱锥体的每条底边长230.42米,塔高 146.5 米,侧面与地表夹角为 51°52′。

尽管胡夫金字塔的原始入口 1881 年就被考古学家霍华德·维斯(Howard Vyse)打开,可直到一个世纪之后的1989 年夏,才首次对公众开放,门票每张 20 埃镑(合 60 元人民币),记者免票。

从主入口钻入胡夫金字塔,沙漠的酷热和城市的嘈杂被头顶上的巨石滤得一干二净,油然而生的是恍惚的隔世感。前行约十余米,墓道一分为二,其一陡然而下,由于过于狭窄,我不得不屈膝蹲坐,匍匐而行。下行约有 100 米,进入一石室,约 30 平方米,空无一物,靠近东隅的地面,有一巨大的石坑。在这里,我才能伸展一下躯体,可这里空气极稀薄,且夹杂着陈腐的恶臭,使人联想到阿鼻地狱。这里位于胡夫金字塔正下方地层深处,原准备作墓穴,但尚未竣工就被废弃。

胡夫金字塔内的另一条墓道从主入口一直向里,这条墓道甚为宽敞,宽约 2 米,高 7—8 米,长 60 余米。墓道呈陡然上升状,直抵金字塔的核心,通向“第二墓穴”。在接近墓道尽头时,有一条转为水平的捷径,极为低矮,高不足一米。我再次膝行向前,犹如从蛮夷之地来拜见中国皇帝。爬了约十几米,才钻过狭窄入口,进入用红色阿斯旺花岗岩修筑的国王墓穴之中。

显然,这里是胡夫金字塔腹内的核心部位,一种巨大的压抑感向我袭来,好像来自整座大金字塔的压力直抵头顶的巨石,随时要把我碾成齑粉。这里仿佛是宇宙时间的核心,我可以听到左手腕潜水表的秒针急速沉重的跳动,似乎承受不住这里的巨大压力,从 1—2—3—4……直到 60,于是一切齿轮戛然而止,这是又一分钟被从无穷的时间上切下,同时标志着新的一分钟的开始。西方人总是说:"人最怕时间,时间最怕金字塔。"而我此时正蜷缩在大胡夫金字塔的腹内,呼吸着 5000 年前的空气,周围一切都是阴晦沉重的,空气中仿佛充满了各种悬浮物,用手就可以触摸得到,因为这里已经 5000 年没见过太阳光。在这里,我首次体会到什么是可以听到的寂静,什么是可以看到的黑暗。据说所有到过胡夫金字塔墓穴的人都没有善终,法老的咒语、几千年陈腐的空气、5000 年因没有阳光而滋生的奇怪病菌……使所有打扰过胡夫法老墓穴的人暴亡。

我蜷缩在墓穴里,刚才连滚带爬大汗淋漓,粘在后背上的衬衣在阴冷潮湿的石壁上一靠,寒冷彻骨。我怀着对冥冥之中所有神灵的敬畏,打量四周的一切。这是座东西走向的长方形墓室,约有 30 平方米,高 5—6 米。四壁是坚硬光滑的花岗岩,用手一摸有潮湿黏滑的奇异感觉,犹如刚钓上来的鱼。紧靠西墙有一口巨大的石棺,已被人敲掉一个缺口。此外,四壁空空。据说没人见过胡夫的木乃伊。

是什么原因使胡夫把墓穴从金字塔下的地层深处转移到金字塔内? 惟一可信的解释是宗教信仰的变化。在旧王朝,所有法老都把自己的墓穴建在地下,而胡夫第一个将自己原在地下的墓穴迁移至地平线以上。当时,胡夫金字塔被称为 Akhef - khufu,意思是"地平线胡夫"。按当时的说法,法老是天神霍鲁斯(Horus,古埃及神,形状为鹰,现印在

第九十六座金字塔挖掘现场

胡夫金字塔内的法老石棺

埃及国旗国徽上），死后将升天变成"瑞"（Re, 古埃及太阳神）。显然，胡夫将自己的墓穴转到地平线之上是使自己具有太阳神"瑞"的特征，表明自己已从黑暗的大地挣脱，而与太阳神越来越近。

金字塔之谜

"民以食为天"。从某种意义上可以说人类历史是饥民求食的历史，尼罗河每年的定期泛滥为埃及人提供了肥沃的良田。当史前人每天 24 小时为温饱奔波时，古埃及人已有相当的空闲去制造食品之外的其他东西，去思考衣、食、住之后的各种问题，从天空的星斗到河水的定期涨落。

古埃及人看到生活的艰难，便把幸福寄托在灵魂上。他们认为天神乌悉利斯将根据每个人在人间的所作所为进行审判，而肉体仅是灵魂在人世的"住宅"，没有"住宅"的灵魂不能进入乌悉利斯国，所以古埃及人千方百计保护尸体的完整。他们把死者的尸体涂满香油、浸泡在防腐液中，再敷以松香。而松香在波斯语中叫做"木米伊"，所以敷过松香的尸体便称为"木乃伊"。木乃伊被缠以数十米的特制细麻布，再装入特制棺椁之中。

最初的棺椁在平地掘墓而葬，但沙漠上的猛兽和比猛兽更凶残的盗墓贼经常破坏墓地。为防止亵渎死者尸体、影响灵魂升天，古埃及人开始在坟墓上覆盖巨石，修筑石丘。这类石丘逐年增高，因为富有者总是以此炫耀自己的财富，石垒的坟丘成了权势和财富的象征。而胡夫法老的石丘造得有 146.5 米高,即我们今天看到的胡夫大金字塔,它比意大利罗马的圣彼得教堂大 3 倍,比美国纽约的自由女神像高 54 米。

1992 年 10 月,一场里氏 6 级的大地震袭击埃及,开罗市中心一幢 14 层的钢筋水泥巨厦被夷为平地,我的右腿亦在此事故中负伤。可已有 5000 年历史的金字塔却结实得令我嫉妒,尽管我开着大吉普在金字塔群连转三圈,可就是找不出丝毫因地震造成的损伤来。

尽管我已罗列了一大堆冗言赘述,倾向同意金字塔是人类的作品、是法老的陵墓,可胡夫的木乃伊又在哪里? 一些国际研究机构坚持认为胡夫的真正殡宫还未找到。为此,诺贝尔物理奖获得者法尔兹教授用宇宙射线对大金字塔进行穿透试验,斯坦福大学的学者们也在金字塔内用电磁波探射,但都一无所获。有人推测,金字塔的功能不仅仅是墓穴,有可能在统治者健在时还起礼仪作用。当初,在每座大金字塔未完工前,都要建一座小型宫殿,统治者在位 33 周年及此后每隔 3 年都要在这里庆祝法老生辰。法老在庆典中向近臣证明,自己是一名贤君、勇敢的战士和生殖力超凡的男人。

至于金字塔的作用,至今众说纷纭,观点不一。有人认为金字塔是经纬仪。由于每年尼罗河水泛滥,淹没地界,因此把金字塔作为经纬仪,可以从任意角度把土地三等分。还有人认为金字塔是天文台,古埃及祭司和占星家利用它观察星辰运行,把金字塔当做一个巨大石晷,确定每年的春分、秋分、冬至、夏至,误 差不超过一天。胡夫大金字塔位于世界各大洲中心,其底面正方形的对角线向北延长,正好是尼罗河三角洲的两个腰,延长底面正方形中央纵平分线,就是地球子午线。因此,还有人认为金字塔是外星人或神怪的杰作,因为5000年前,人户稀微,科技落后,人类无法完成如此工程。

有的研究者认为金字塔的石块蕴藏着一套相互联系的数字、尺寸、重量、角度、温度、方位、几何题和宇宙信息密码。还有人把金字塔说成是太阳观象台,因为古埃及人对太阳十分崇拜,帝王谷、王后谷四处留有太阳的痕迹。而阿布森贝神庙运用多种科学知识建筑了太阳神光的通道。更有人认为金字塔对生物和矿物有特殊的物理作用,有人甚至以此赚钱。加利福尼亚有位商人做了许多小金字塔,说能聚集能量。在他制造的金字塔模型里,牧草幼苗长得快,狗改为素食。牙科医生若将72个小金字塔挂在手术椅上,可让病人减轻病痛。罗马尼亚有人用金字塔形装置杀菌净水,有人发现爱哭闹的儿童在金字塔形建筑中会安静下来,金字塔形建筑还能使病人安稳入睡、减少妇女经期出血、保持脑力劳动者头脑清醒、提高性功能。

当年,考古学家打开齐奥普斯金字塔内的法老棺椁时,只发现一尊石像,没有找到木乃伊。除帝王谷的图坦卡芒墓穴找到英年早逝的图坦卡芒木乃伊外,埃及考古史上没有哪具木乃伊是从金字塔里找到的。也有人把金字塔称为奴隶社会奴隶的杰作,但在金字塔附近发掘出的工匠村落证明,参与金字塔施工的几十名工匠食宿条件优越,显然是雇佣劳动者而非奴隶。当年,喜欢攀登金字塔的权贵可以

由三个阿拉伯人驮着登上大金字塔塔顶，喝随从端上来的土耳其咖啡。据说末代沙皇尼古拉二世就是先登金字塔，后登上沙皇王位的。

我将吉普车开出尼罗河谷，爬到撒哈拉沙漠边缘的沙山顶上。回首东望，我驾驶的吉普车仿佛已爬到胡夫金字塔的最高一层，团团晨雾随着尼罗河谷的腥风扑面而来，带来昨夜的寒意。滚滚浮沙在车轮下滑动，流向远方玩具似的城市。越过金字塔的尖顶，蚂蚁般的人群匆忙地爬来爬去，全神贯注于各自眼前的利益。在一堆乱石那边，有一大片烟囱、房屋、花园、医院、学校、汽车、铁路等人类的补缀物。振翅飞过的岩鸽给金字塔蒙上一层轻柔的前景，将都市的嘈杂净化在沙漠之中。此时，我对我们的家园又有了新的认识。

哭泣的骆驼

听说我要去埃及，布鲁克斯摄影学院教授保罗把秃头摇得像"萨姆"导弹："恐怖分子早已把开罗变成最大的停尸房，莫非你也想变木乃伊进金字塔？不过，埃及的骆驼市场倒颇值得一看，那是当今世界上最大的骆驼市。"

在我抵达开罗的当天，就赶上高速公路塞车，听前面的人讲，有一只骆驼跑上了立交桥，一中队警察正在围捕这个交通肇事犯。

驾吉普车在开罗的大街小巷转悠，骆驼的身姿四处可见，犹如置身于处处是牛群的印度德里或加尔各答一样。但令人悲伤的是，这里的骆驼决非像印度牛那样被视为圣物，而是正义无反顾走向汤锅的冤魂怨鬼。

世界上最大的骆驼市

出新华社中东分社驾吉普车只需 10 分钟，就是茵芭芭(Imbaba)骆驼市，它坐落在尼罗河三角洲与撒哈拉沙漠之间的一块沙地上，占地约为 100 费丹（634 华亩）。茵芭芭区是大开罗省穷人的聚居区,没有给排水设施,恶臭冲天,苍蝇像浓雾一样遮天蔽日,而骆驼市正处在该区的中心。生活在社会底层的居民经常在这一带从事反政府活动,引得搜捕恐怖分子的警察时常光顾这里。

八十多年前,沙特阿拉伯商人阿伯丁找到埃及人阿卜杜勒·卡西姆求他代购一批苏丹骆驼。半年后,卡西姆亲自率领着浩浩荡荡的骆驼队徒步从苏丹走到埃及,并于1914年在开罗城西茵芭芭区的铜铁市建立了最初的骆驼市场,专门代理骆驼的长途贩运业务。从此,成千上万的骆驼和形形色色的商人由四面八方奔到这里,茵芭芭成了骆驼贸易的转运中心,闻名中东,享誉世界。骆驼队如滚滚洪流从遥远的苏丹穿越大沙漠涌至这里,再源源不断地流向埃及全国、利比亚、沙特阿拉伯乃至整个海湾地区。

今天的茵芭芭骆驼市由14个骆驼经纪人把持着,他们操纵着整个市场所有苏丹商人与埃及商人之间的骆驼交易。每个骆驼经纪人的地盘包括一间九平方米简陋小屋和一块上百平方米的空地。小屋是经纪人与买卖双方讨价还价的地方,而空地则暂为待售骆驼的栖身之处。每个交易所前都聚集着一大群俯首帖耳即将出卖给农民或汤锅老板的非洲骆驼。

在骆驼市的一角,成堆的骆驼贩子、各种小工和屠夫在棕榈树干和椰枣叶搭成的茅棚下席地而坐,从容地享用阿拉伯风味的午餐,大吃之后,便大睡、喝土耳其咖啡或抽大烟(Sheesha,一种阿拉伯大烟枪)。埃及商人、掮客在骆驼市场内为埃及人提供的住处过夜,而其他阿拉伯国家和苏丹的骆驼商人则住到骆驼市附近的旅馆里。

骆驼市入口处,苏丹裁缝正用雪白的埃及长绒棉布为远道而来的骆驼商人量体裁衣,缝制苏丹风格的阿拉伯长袍。经过几十天艰苦的沙漠长途跋涉,骆驼商人与赶骆驼的牧人的衣服早已又脏又破,而且惯走沙漠的阿拉伯人从不携带换洗衣服。因此,在骆驼市,卖掉骆驼的商人们将肮脏不堪的旧衣服剥去,在此缝制一身新装体面地返回苏丹。此外,他们还用卖骆驼的收入从开罗带回一些时髦的衣物,送给妻子儿女。

每逢星期一,骆驼市似乎被注入一种新的活力。这天,来自埃及各地的屠夫们都聚到这里寻找称心如意的锅中肉。各省来的骆驼肉零售商各有所好,开罗人偏爱瘦肉型的小骆驼。而沙奇省人则倾心一两岁多脂肪的小肥骆驼,因为这种小骆驼肉类似羊肉,因而奸商可以鱼目混珠卖到羊肉的价钱。卡罗卑亚人喜欢老而肥的骆驼,而孟努菲人却偏爱老而瘦的骆驼。

据从事骆驼生意的人讲,每年都有上百万只骆驼越过边界从苏丹进入埃及,仅埃及每年就消费骆驼50万只。骆驼市上70%的骆驼进了屠夫的汤锅,其余的30%被农民买走当做畜力使用。在上埃及(埃及南部尼罗河上游),骆驼是收割甘蔗时的主要劳力;下埃及(埃及北部尼罗河三角洲一带)人则用骆驼在狭窄的乡间小路运输小麦、大麦和水稻。在埃及田野里,农民使用各种奇特的搭配方式用牲口耕地。有人用一匹马或一头驴配上一头骆驼,或者用一头公牛配上一头骆驼或单独使用一头骆驼。他们从不同时使用两头骆驼的理由是防止它们打起来。想不到骆驼这种吃苦耐劳、温顺听话的动物竟喜欢窝里斗。巴顿将军当年看罢尼罗河三角洲的骆驼耕地后在日记中写道："同骆驼拴在一起的那些牲畜，不论是哪一种都令人厌恶不已，觉得它失去了生存的意义。"

茵芭芭骆驼市的骆驼经纪人艾哈迈德说，每峰骆驼根据年龄体重不同可卖 500 埃镑～1500 埃镑(当时 1 埃镑约为 0.33 美元)，个大的索马里骆驼可以卖到 3000 埃镑、剔出 300 公斤净肉。而他则从每只骆驼身上抽 40 埃镑(13 美元)的好处，艾哈迈德每天开着他的奔驰轿车准时来此上班。

骆驼市已成为埃及旅游业的一大景观，从 1990 年至 1993 年底，骆驼市的门票已从 0.5 埃镑涨至 1～2 埃镑，但记者可以免票。

《人民日报》社长邵华泽与唐师曾

沙漠之舟

骆驼生长在中东地区的大沙漠中,阿拉伯人称之为"沙漠之舟"。3000 年前,骆驼是西南亚惟一的运输工具,由于其可以长时间不饮不食、负重远行的特性而扩展到整个非洲。非洲独峰驼的负重量与今天的轻型卡车载重量相差无几,可它在苛刻气候条件下持续 33 天不饮不食,越野行走的能力足以使任何车辆黯然失色。

每年从苏丹越过边界进入埃及的上百万只骆驼中,绝大多数是纯种苏丹骆驼。苏丹驼的体形尽管不如索马里驼大,但奔跑速度却很快。埃及著名骆驼商人艾哈迈德·埃尔桑将苏丹驼分为白沙瑞、凯纳尼、伊扎比和萨哈利四个品种。

白沙瑞和凯纳尼由于擅长奔跑而被贩至阿拉伯联合酋长国和沙特阿拉伯充任比赛用驼。一只合格的赛驼的体重必须严格控制在 120 公斤～150 公斤之间,年龄为 5 岁。典型的白沙瑞赛驼的面部和后背各有两个红点,它奔跑时的速度可高达每小时 100 公里。

利比亚、沙特阿拉伯、卡塔尔等海湾国家往往委托埃及骆驼商人代养骆驼,在白沙瑞还是幼崽时,就用棕绳拴住它稚嫩的脖子开始训练。在海湾产油国一场赛驼豪赌中,一只白沙瑞可以一下赢得数百万美元。

在金字塔等旅游区为游客充当脚力、任人骑乘合影的骆驼也是白沙瑞。因为这个品种的骆驼除具有极高的奔跑速度外,还具有强烈的责任感。一只驯化的白沙瑞绝对忠于主人,会前膝跪倒让游人爬到它的背上,还会遵从主人命令或走或停。闻名世界的美国骆驼牌香烟包装盒上的形象,就是白沙瑞。

中东著名的"哈嘎纳"(Hagana)特种部队利用白沙瑞骆驼追捕偷越国境者和沙漠贩毒集团。"哈嘎纳"特种部队骑兵的白沙瑞骆驼不仅会遵循口令慢跑、疾驰、突然急停,还会躲避敌人的射击。

一只骆驼平时每天要吃掉几十公斤的苜蓿、干草、谷物,饮五大桶水。骆驼像其他家畜一样喜欢任人梳弄。茵芭芭骆驼市以剪驼毛为生的哈桑抚摩着一只刚剪过毛的雄驼说:"骆驼与人一样需要理发,理过发的骆驼会感到浑身清爽,精神振奋,因而速度、能力和胃口都大为增加。"骆驼毛可以长到 6 厘米长,每隔 3 个月就得剪一次。哈桑认为剪驼毛是一门艺术,他剪一只骆驼能挣 10 埃镑。他说,尽管骆驼市每天过往成千上万只骆驼,可只有四个剪驼毛的工人,最好的剪毛季节是斋月结束后到宰牲节前的一段日子。

骆驼的忍耐力、承受力和持久力都是一流的,但是,一旦超过了它的承受限度,温顺的骆驼也会一下变成最残忍的野兽。骆驼商人埃尔桑亲眼看见一个牧人痛打一只离群的骆驼,终于把这只骆驼打得勃然大怒,它用巨颌咬住牧人的腰部在空中狂舞,再将其摔落在地,牧人当即死去。

骆驼还会记仇。有一只被主人暴打的骆驼一直伺机报复,入夜,他找到主人通常睡觉的地方发起袭击,对其又踢又咬，碰巧主人外出未归，当它发现所攻击的对象仅仅是主人的一块毛毯时，气破五脏而倒毙。

骆驼通常是最忠实的，中东地区的许多王族都将骆驼编入禁卫部队，例如沙特、巴林、约旦等国。我在利比亚领袖卡扎菲上校的大帐篷里也碰到骆驼，据说卡扎菲每天都要喝骆驼奶，他还把骆驼带到南斯拉夫不结盟首脑会议上。

骆驼能在人群中识别出自己的主人，主人死后，它会找到主人的墓地跪在墓穴前悲伤而死。骆驼的眼泪也是其他动物所没有的，当骆驼发现自己因病老而无法跪下前腿时会痛哭失声，因为这标志着它的死期将近。

骆驼有自己的繁衍方式，每年 7 月～9 月是骆驼的发情季节。雄驼之间厮咬打斗，只有最强壮的雄驼才能幸存，而老弱病残者只能在争斗中死去。最后获胜的雄驼将占有驼群中的全部雌驼，至少要与 50 只雌驼交配。它们像所有的奇蹄类、偶蹄类动物一样，以残酷原始的方法保证自己的种群不退化，繁殖出胜过父母的子孙。这一生命的孕育过程是在遥远广袤的苏丹草原上完成的。年复一年，就在苏丹草原新出生的幼驼刚在炎热烈日下享受母爱、嬉戏学步时，它们的父辈却正跋涉在奔向茵芭芭骆驼市的沙漠上。

四十天之路

"达博·阿拉巴因"（Darb El－Arbyeen）意为"四十天之路"，这是条由古代阿拉伯商人开辟的洪荒古道。四十天之路南起苏丹境内的达佛尔，穿过数千里的沙漠直通上埃及的达鲁(Daru)，驼队单程需40天。骆驼是世界上惟一能横穿热带沙漠和大戈壁的动物，也是当地阿拉伯人赖以代步的工具，至今没有任何运载工具可以取代骆驼在沙漠中的地位。

远古时代，驼队将黑非洲的象牙、毛皮销往埃及，再买回衣服、埃及长绒棉布和其他日用品。本世纪以来，单纯的骆驼贩运繁荣起来。来自黑非洲不同品系的骆驼被商人集中起来，踏上这条有去无回的"四十天之路"。过去，"四十天之路"沿途有许多骆驼集散地，但时至今日许多都已凋敝。

赛义德率领着一支由2000只骆驼组成的驼队在晨曦中向埃及挺进。赛义德说，所有驼队的骆驼都在1000只以上，通常由七八名牧人和一名商人照看。驼队中最重要的人物是"牧人头儿"，他熟悉沙漠中的每条小路和牧场，入夜，他可以凭借星光辨别方向。驼队备有轻型武器自卫，随时准备应付劫匪的袭击和野兽困扰。无论是沙漠风暴还是任何天灾人祸，驼队都会凭借自身力量竭尽全力紧紧聚拢在一起。我驾着吉普车与驼队缓辔而行，深感茫茫大沙漠中自然的伟大、人的坚强。

驼队进入埃及境内后在边境小镇达鲁做首次休整，在此办理入境手续、经过海关和动物检疫等事项，为此每只骆驼需付220埃镑(74美元)的过关杂费。

此时，埃及商人开始加入到驼队之中，协助驼队继续北上，穿过东部沙漠和西部沙漠直到阿斯旺。我曾和国际广播电台记者驱车在这一带采访，不幸汽车右后轮胎爆炸，汽车撞入沙丘中。据帮助我们的过路驼队讲,在这段 800 公里长的沙漠路上,没有一滴水。

对长途跋涉的驼队来说,最重要的莫过于水。阿拉伯人总是将水灌进用山羊皮缝制的巨型储水袋中,这样即使在炎炎烈日下也可以保持水的清凉。

冬季,驼队往往在清晨 6 点上路,到中午,赶驼人才停下来吃一盘盐水煮蚕豆,接着继续赶路,直到晚上 9 点才在沙漠上露宿。在夏季,为避开夏天的沙漠烈日,驼队一般在午夜出发,直到次日上午才停下休息。据说就连圣者摩西也不敢在夏日正午穿越沙漠。夜晚,牧人头儿凭借星光辨认方向,率领驼队在茫茫长夜中疾行。

尽管骆驼可以连续 33 天不食不饮,但酷暑、沙漠风暴、暴雨、疾病、肉食动物的攻击和出乎预料的种种艰辛会使许

多骆驼在漫漫路途中丧生。骆驼商人赛义德承认:"许多时候,我们不得不杀死驼队中疲惫不堪的病驼、弱驼。但更多的时候,我们高唱《古兰经》彼此激励着走下去。"

　　沿"四十天之路"走向死亡的不仅仅是滚滚驼群,还有已存在了 80 多年的开罗茵芭芭骆驼市。由于堵塞交通、污染城市等原因,埃及政府已下令将古老的骆驼市迁往 50 公里以外的巴尔卡什村。对人们来说,80 年的茵芭芭骆驼市已成历史。

从囚犯到总统

当今在任的国家元首中，从没有任何人能像他那样获得如此广泛的最高荣誉，这位空前的伟人就是南非总统纳尔逊·罗利哈拉哈拉·曼德拉。迄今为止，他已是罗马、佛罗伦萨、阿伯丁、格拉斯哥等上百个城市的荣誉市民；当选为苏格兰、利兹、伦敦等数不清的大学联合会主席；大不列颠全国海员工会及无数个工会的荣誉会员；获得包括中国北京大学在内的英、法、美、德、古巴、津巴布韦等数十所大学的荣誉学位和学衔。世界各大洲都有以他名字命名的城市、街道、公园、广场……德国还建立了以他名字命名的学校。他是印度尼赫鲁奖、奥地利布鲁诺·克赖斯基人权奖、委内瑞拉西蒙·玻利瓦尔解放奖、苏联列宁国际和平奖、圭亚那最高荣誉奖、西班牙人权协会奖、德国不来梅团结奖、东德国际友谊之星奖、欧洲议会萨哈罗夫奖、古巴普拉·希龙奖、英联邦第三世界奖、美国肯尼迪人权奖乃至诺贝尔和平奖等众多大奖的拥有者。1963年他被判终生监禁走进监狱时，是个健壮的男子；1990年走出监狱时已是71岁的古稀老人。斗志和毅力使他在有生之年看到理想实现，成

为南非有史以来第一位自由民选的黑人总统。1993 年 11
月,我终于有幸见到了这位伟人。

他本应成为大酋长

　　1918 年 7 月 18 日,曼德拉出生在南非特兰斯凯省乌
姆塔塔一个滕布族酋长家里。他的曾祖父是当地著名的黑
人部落首领,父亲是操科萨语的滕布人部落酋长,据说有皇
族血统,母亲是虔诚的基督徒。在乌姆塔塔乡间,曼德拉度
过了无忧无虑的童年。黄昏,曼德拉同村里的孩子围在篝
火旁,听白发苍苍的部落长者讲述美丽浪漫的黑人历史,黑
人英雄丁干、本巴塔、欣查等抗击外族的故事给他留下极深
的印象。曼德拉在回忆童年时写道:"我对政治的兴趣是小
时候听村里老人讲述历史时产生的。我曾暗暗发誓,在生
活给我的快乐中,将包括为人民服务的机会。我将为我的
人民获得自由而做出贡献。"
　　少年时代的曼德拉被母亲送到当地一所白人传教士办
的教会学校接受正规教育,聪敏好学的曼德拉发现教科书
中的非洲历史与黑人部落口头流传的历史大相径庭。放学
以后,曼德拉像其他黑人孩子一样帮助父母放羊、种地,黑
人社会底层的悲惨生活给曼德拉很大教育。
　　教会学校毕业后,曼德拉进入惟一一所肯招收黑人学
生的黑尔堡大学攻读文科,由于父亲去世,滕布族大酋长达
林戴波成了他的监护人。黑尔堡大学有悠久的民主传统,
曼德拉如饥似渴地学习各种知识。大学三年级时,曼德拉

因领导学生运动而被除名,他的监护人达林戴波大酋长强令他接受校方条件重返学校,可曼德拉断然拒绝。大酋长又提出让曼德拉娶妻成家,回乡继承酋长职位,处理部落政务,曼德拉再次拒绝,并宣布放弃自己的酋长继承权,毅然离家出走,只身前往约翰内斯堡。

约翰内斯堡是南非最大的工业城市,沉浸在现代工业文明的气氛之中,曼德拉先在一家金矿当警卫,还当过一段时间的拳击手。在这里,曼德拉结识了非国大领导人西苏鲁和奥利弗·坦博,随之加入非国大。

“民族之矛”总司令

非国大成立于 1912 年,它在团结各部族联合维护非洲人利益方面起了很大作用,但始终不肯越过“温和、合法”的界限。曼德拉加入非国大后,一面函授修完文学、法学课程,一面与西苏鲁、坦博合作,于 1944 年在非国大内建立了非国大青年联盟,任全国书记和全国主席。在青年联盟推动下,非国大于 1949 年通过反对白人统治、争取民族自决的政治纲领,决定以群众运动反对白人种族统治。

1952 年,针对南非国民党上台后颁布的“集团住区法”、“人口登记法”,曼德拉组织了全国性的“蔑视运动”,这是南非历史上首次有组织抗议种族隔离制度的群众运动,曼德拉任运动总指挥。曼德拉的指挥才能令非洲政治家们敬畏,同时吓坏了南非政府。成群结队有组织的有色人罢工罢市,强行进入仅供白人使用的商店、邮局、车站、住宅区等公共场所。这场运动持续了四个月,蔓延到全国,给白人政府以沉重打击。南非当局下禁令不许曼德拉参加政治活动,可他因指挥"蔑视运动"有功而当选为非国大副主席。

在此后的几年里,曼德拉开设了南非第一家黑人律师事务所,坚持用合法手段反对南非政府,总结积累斗争经验。

"蔑视运动"使非国大威望猛增,成员从7000人发展到10万人。针对这一情况,曼德拉制定了以其名字第一个字母命名的"M"计划,着手在基层建立严密的街道小组,再逐级组成城镇领导机构,接受非国大中央执委会领导,使非国大组织日趋严密。

1960年3月21日,警察开枪镇压沙佩维尔反对通行证法的示威群众,打死69人,伤180多人。继而宣布紧急状态法,取缔非国大。由于事先已有"M"计划,非国大及时转入地下。在白色恐怖下,曼德拉开始组建军事组织"民族之矛",亲自担任总司令。他隐蔽在一个白人朋友家中钻研克劳塞维茨、利德尔·哈特、毛泽东和格瓦拉的军事理论,选择了以经济目标为主的"破坏战略"。

1961年12月16日,为纪念祖鲁人抗击布尔人入侵的"丁干日",曼德拉的"民族之矛"在德班、伊丽莎白港和约翰内斯堡同时行动,袭击政府机构和变电站,公开进行游击战。

为获得国际支持,曼德拉多次秘密访问英国,还会见了尼雷尔、布尔吉巴、本·贝拉、海尔·塞拉西等非洲国家领导人,并在安哥拉接受军训,成为令南非当局坐立不安的"黑色的烦恼"。1962年8月5日,由于叛徒出卖,扮成司机的曼德拉在约翰内斯堡附近秘密被捕。同天,世界正注目于好莱坞艳星玛丽莲·梦露的玉殒。

1962年10月,被捕的曼德拉在法庭辩护时,喊出了被压迫者的心声:"种族隔离制度是不道德、不公正、不能容忍的。我们的良心激励我们抗议它、反对它、努力改变它。"虽然他从此身陷囹圄长达27年,但他一直在监狱里以精神领导着南非黑人争取平等和自由的斗争。

"无期徒刑再加五年"的铁面人

他的监狱身份卡简单明了:"纳尔逊·曼德拉。466—64号,破坏罪,1962年11月7日起无期徒刑再加五年。"

在好望角外烟波浩淼的大西洋上,与世隔绝的罗本岛监狱里囚禁着当代"铁面人"。身材魁梧的曼德拉的单人牢房仅有四平方米,没有床也没有桌椅,只有一席草垫和两条毯子。直到1973年曼德拉生病后,狱方才发给他一张床,但没有床单和枕头,一日三餐吃的是玉米粥和杂粮。每天早七点到下午四点,曼德拉与其他囚犯一起挖土修路、开采石灰岩,从事奴役性劳动,四周是鞭打、凌辱和警犬,风雨无阻。繁重的体力劳动使他体质日益虚弱,体重下降了50磅。南非当局企图以长期囚禁和苦役消磨曼德拉的意志。

曼德拉每天三点半就起床,先锻炼身体两个小时,继而开始学习。他的乐观情绪感染了其他囚犯,促成改善政治犯待遇。他通过函授在狱中修完伦敦大学法律专业课程,又开始学习经济和商业专业课程。曼德拉通过博览群书了解外部世界，积蓄力量。为能看懂官方的南非荷兰文报纸，曼德拉开始自学南非荷兰文。由于曼德拉广泛接触囚犯，讲述人生哲理，传播反种族主义思想，囚禁曼德拉的罗本岛监狱成了"曼德拉大学"。

曼德拉在狱中坚持不懈地斗争，争取到听广播、读报、洗热水澡等多项权利。南非当局担心这会影响其他囚犯，秘密将他转移到开普敦波勒斯摩尔中央监狱。在这里，曼德拉拒绝以流放和放弃武装斗争为条件的释放出狱："在他们给我们以一个政党的合法地位之前，不得不继续武装斗争。"他严正指出："自由是不能讨价还价的。""在监狱中，我对白人的仇恨减少了，但对制度的仇恨却增加了。"正是基于这种认识，几十年后曼德拉恢复自由之后，决不向仇敌或曾经折磨他的人报复，极富宽容雅量和道德勇气。

1985年1月，美国乔治城大学法学教授、前水门事件调查委员会首席顾问达什获准访问这位已经与世隔绝了23年的伟人。达什写道："他身材修长，仪表堂堂，看上去不到66岁。自制合体的咔叽衣裤，没穿囚服。平静、自信、具有威严的举止绝不像一个游击队员或激进理论家，而像一位国家元首。"

此时曼德拉的处境进一步改善。早晨三点，曼德拉开始做操、举重、俯卧撑、跳绳和长跑，然后淋浴、浏览报刊、听新闻广播。早饭后看电视节目"早安，南非"，继而是处理来往信件。共有十几名士兵看守着曼德拉，其中三名几乎与他寸步不离。

辛酸的夫妻

曼德拉结过两次婚,早已离婚的第一位妻子为他生了三个孩子,其中一个夭折。这位妻子现在与曼德拉惟一的儿子在老家特兰斯凯开杂货店度日,女儿梅基住在美国马萨诸塞州。第二位妻子就是著名的温妮,她生了两个女儿,大女儿泽妮嫁给了斯威士兰国王索布扎二世的第 58 个儿子;小女儿津妮成了作家,现在美国。

早在 1956 年还在念中学的 22 岁的温妮在法庭上第一次见到曼德拉,当即被这位身材魁伟、仪表堂堂的律师所吸引。当接到曼德拉请她去吃午饭的邀请时,竟激动得"找不到一件像样的衣服"。曼德拉经常不断地请温妮吃麻辣的印度饭,拉她到体育馆去看他如何锻炼得大汗淋漓,由此拉开奇特的爱情序幕。

1958 年 6 月,正受"叛国罪"审判的曼德拉获准离开约翰内斯堡与温妮结婚,可保释候审只有四天时间,传统婚礼才进行一半,曼德拉就赶回法庭受审。由于曼德拉的政治活动被判非法,从此新娘温妮只有待午夜窗户上神圣的叩打声出现,才能与新郎柔情一番。

一天,温妮为家里那辆因老掉牙而趴窝的破车发愁,当天就来了个穿蓝工装、戴宽边帽的修理工。修理工命令温妮上车,直开进一家汽车修理厂,温妮这时才认出这个化装成修理工的大个子竟是曼德拉。曼德拉帮温妮卖掉破车又买了辆新车,才消失在熙熙攘攘的公共汽车站里。

1962 年曼德拉被判入狱时，温妮刚怀上小女儿津妮。温妮总是每月千里迢迢赶赴罗本岛，在警察的严密监视下按指定的路线乘船渡海，只为能隔着装了厚玻璃的铁窗看一眼憔悴的丈夫。

狱中的曼德拉每天都抚摩身边的温妮照片，他在给温妮的信中说："婚姻的真正意义不仅在于互相爱恋，而且在于相互间的永恒的支持。这种支持是摧不垮的，即使在危险关头也始终如一……我真想在你身边，把你抱在膝上……"

直到 22 年后，南非当局才允许曼德拉夫妇直接接触，"这 22 年中我们甚至没碰过彼此的手"。当这对夫妻拥抱在一起时，连狱警也表示剥夺一个被判无期徒刑的男人拥抱妻子和孩子的权利 22 年之久是可恶之极的。

获释出狱 劳燕分飞

1990 年 2 月 11 日 16 时 15 分，南非开普敦维克托·沃斯特监狱大门打开，被囚禁了 27 年的曼德拉在警车和直升机护送下走出牢门。年已 71 岁的曼德拉须发斑白，与夫人温妮手拉手向群众挥手致意。来自世界各地的 2000 多名记者汇集于此，报道曼德拉出狱，据南非报纸称，第一张曼德拉出狱的照片当即以数百万美元的高价被美国人买走。

曼德拉两位妻子养育的一子三女已经长大成人并为他生了 12 个孙子孙女，儿孙绕膝，其乐融融。清晨，温妮为她年迈的丈夫挑选合适的衬衫和领带，摆好不含胆固醇的早餐,盯着他服完药,敦促他到院子里会见客人。温妮结婚31年后才首次经历这种家庭主妇的生活,她表示:"我对这种状况很不习惯。"比她大18岁的曼德拉"甚至不能洗涮一下他喝水的杯子。在监狱里人们从不让他做这类事"。

温妮嫁给曼德拉时还是个年仅22岁的幼稚的女学生。在婚后的31年里,她独自一人将两个女儿抚养成人并坚持探视狱中的曼德拉。南非政府不断地对她拘留、监禁、流放,温妮住在无水无电漏雨的草棚中,吃未熟的米粥、带泥的萝卜,孑然一身面壁而坐。久而久之,她产生了被遗弃的感觉,养成了酗酒的毛病。一次,她在屋内换衣服,一名警察闯进屋来,暴怒的温妮一跃而起扑将上去,将警察打翻在地,几乎扭断警察的脖子。

温妮把自己当做曼德拉的替身、非国大当然的接班人,时而表现出独断专行的作风,令非国大领导人十分不满。九年的流放生活使她养成好斗的作风,这与曼德拉"不反对白人,只反对白人种族主义"的温和政策格格不入。温妮组织的"曼德拉俱乐部"是一个以街头流浪者为主体的冲锋队,频繁地介入斗殴、绑架、刑讯乃至谋杀。温妮本人经常威胁当地少年加入她的组织,否则就将他们干掉。

1988年12月,温妮手下的人干掉了与她政见不和的斯通比,司法当局在调查臭名昭著的"斯通比案"中发现温妮本人也卷入了这场丑闻。此外,还有23起刑事案与温妮有牵连。这使曼德拉十分尴尬,忿然命令温妮立即解散"曼德拉俱乐部",可温妮置若罔闻。

曼德拉考虑多年的独居生活和南非政府的持续迫害给

温妮生理心理造成的创伤,企图以宽容抚慰温妮,让她担任非国大社会福利部长。可温妮我行我素,酗酒闹事,公然与一个29岁的情人同行同止。曼德拉在忍无可忍之后,断然撤销了温妮的部长职务,并与其分居。他对报界宣布:"鉴于我们的分歧,最好的抉择是分居。但我对她的爱决不减弱,我希望诸位理解我正在受的痛苦。"

"南非黑人的真正领袖"

在南非,家喻户晓的曼德拉是最受欢迎的黑人领袖,他的声望犹如他受囚禁的岁月一样令人肃然。索韦托"十人委员会"主席莫特拉纳对公众说:"如果有一个人能把南非各个组织的黑人团结起来,这个人只能是纳尔逊·曼德拉。"诺贝尔和平奖获得者、南非黑人大主教图图说:"曼德拉是南非黑人的真正领袖,政府必须把他作为黑人领袖对待。"

出狱的曼德拉利用自己的威望取代年老多病的坦博,承担起领导非国大的任务。他领导的谈判代表团与开明的德克勒克政府间的谈判取得了进展,并赢得南非最大部落祖鲁族酋长布特莱齐的合作。曼德拉成了名副其实的南非2600万黑人的领袖,其坚定而又温和的政治主张得到其他种族的理解和支持。

1993年夏,曼德拉列席在开罗举行的非统国家首脑会议,一时成为大会的核心人物。当身着黑色西装、雪白衬衫,系花格领带的曼德拉气宇轩昂地缓缓走入会场时,尽管他走路时大腿略显不适,但腰板挺直,形象特别高大。当时,开罗国际会议中心爆发出雷鸣般的掌声欢迎这位伟人。这是南非代表首次被非统组织接受的象征。当时,我作为新华社摄影记者有幸一睹他的风采。曼德拉是非洲贵族与英国贵族风格的混合物,教会教育使他言谈像个英国绅士,衣着风格也是英国式的。祖上的皇族血统使人觉得他举止自尊自信甚至傲慢。曼德拉身高约在 1.80 米以上,头发花白,步态和缓潇洒,怎么看也不像 75 岁的古稀老人。尽管当时他参加竞选总统尚无结果,可其优雅的绅士风度、敏锐的思维、略带伦敦口音的英语表达,使他的政治魅力超过了在场的任何一位国家元首而成为众多记者捕捉的目标。

一位中年女秘书始终不离他的左右,礼貌但坚定不移地把围拢上来的各国记者控制在一定距离之外,以免这帮全身披挂、鲁莽好动的家伙碰着这位德高望重的老人。

曼德拉优雅地坐到代表席上,只有极少数入"Pool"(英文:池子。按国际通行惯例,在重大采访中,因记者太多而实行的特殊采访权制度。一般由主管当局和记者协商推举国际著名新闻单位或资深记者享有特殊采访权,代表全体记者采访,所得采访素材全体记者共享。获得特殊采访权的记者称 Pool。)的摄影记者获准进入会场,我亦有幸混迹其中,紧跟在曼德拉四周。我右侧的 WTN(Worldwide Television News)记者法鲁克一上来就朝曼德拉大喊:"您想您能当选南非总统吗?"直震得我右耳暂时失聪。

也许因为我是当时在场惟一的黄面孔记者,曼德拉对我这张以众多白脸为背景的黄脸格外客气,频频朝汗出如浆的我点头微笑。

1993年6月28日,非统组织首脑会议在开罗开幕。其间非国大主席曼德拉(右)与泛非大领袖克·马克维图交换意见。

　　"Pool"采访结束,趁与曼德拉合影留念之机,我破坏摄影记者不得提问的惯例,向这位为自由而身陷囹圄27年之久的斗士表示敬意。我低声告诉曼德拉:我是中国记者,正打算写一篇有关他传奇的小文。这位目光炯炯的慈祥长者和善地望着我:"无论我们对谁产生多大的敬意,也不要把他描写成天使。因为每个人都是血肉之躯。"

在天安门城楼挥过手的人

非洲国家首位驻华大使

　　三年前的一个月夜,在开罗"尼罗河希尔顿"露天酒吧,"独在异乡为异客"的我一杯啤酒下肚,满腹惆怅,正面对一江秋水发呆,一位鹤发童颜的古稀老人手托威士忌悄然坐在我旁边。老者双目如电,望着月夜下滚滚北去的尼罗河水炯炯放光,大有"独钓寒江雪"的气势。浪迹天涯的我不禁为之动容,越过酒杯,我痴迷地端详起这张阡陌纵横的脸。老者有所觉察,谦和慈祥地转向我,扬扬酒杯:"日本人?""撒哈菲西尼(中国记者)。"我亦扬扬手中空杯用阿语作答。不料这一句竟引出老者滔滔不绝的故事。

　　老者自称是哈桑·拉吉卜博士,当过兵、打过仗,还当过外交官,是毛泽东、周恩来的朋友。怕我不信,还字正腔圆地用中文说了句:"你好。"他这一说,立即使我恍然大悟到面前这位长者就是阿拉伯和非洲国家首位驻华大使、法老村长、纸莎草大王拉吉卜。在埃及,几乎无人不知这位老者的鼎鼎大名。

1919年，拉吉卜出生在埃及北部地中海滨亚历山大一户百年望族之家。青年时代就读于开罗大学电气工程系，毕业后留学法国进修地铁专业。回国后任埃及电车公司工程师，参加了亚历山大、开罗等地的城市交通建设。第二次世界大战爆发后，拉吉卜投笔从戎，在阿拉曼战役期间任盟军联络官，战功卓著，成为美82空降师荣誉军官，后被调往埃及驻美国使馆任三军武官。由于拉吉卜积极参加纳赛尔领导的自由军官团革命，1952年7月23日，纳赛尔推翻法鲁克王朝后，拉吉卜被晋升为少将，出任国防部次长，主管军工生产。1956年起，拉吉卜先后出任埃及驻中国、南斯拉夫、意大利大使，以及埃及旅游部顾问，1968年辞官赋闲。至于他荣任首位驻中国大使的缘由，还有一段鲜为人知的故事。

1955年4月万隆会议期间，埃及总统纳赛尔认识了周恩来。会上，纳赛尔告诉周：他准备收回苏伊士运河，可英国首相艾登以武力威胁，阻止埃及将运河收归国有。当时中埃两国尚未建交，但周恩来明确表示支持埃及运河国有化，一旦战争爆发，中国将以医疗给养、武器弹药支援埃及。万隆会议后，纳赛尔遴选拉吉卜为首任驻华大使，因为他不仅懂外交，当过驻美武官，而且是主管军工生产的国防部次长，有利于从中国争取军事援助。1956年5月30日，中埃建交，陆军少将拉吉卜作为首位阿拉伯国家和首位非洲国家驻新中国大使走马上任。

同年7月26日，埃及宣布将苏伊士运河收归国有，英、法、以色列旋即武装干预,战争爆发。中国政府当即拨款2000万瑞士法郎给埃及,同时50万中国人在天安门集会,声援埃及。拉吉卜称他家里至今保存着一张当年他站在天安门城楼朝50万声援者挥手的照片,可惜年代久远,已记不起站在他身旁的中国领导人的姓名。说到此,老人拉住我的手:"现在就去帮我辨认一下照片上的人都是谁!"话音未落,性急的老拉吉卜一跃而起,拉着我的胳膊直奔停车场。

周恩来的老朋友

老拉吉卜家住尼罗河路78号大楼,他孤身一人拥有两个单元,妻子仙逝多年,儿子已移居美国。老拉吉卜的客厅简直是一座中国博物馆,从茶几、佛龛到桌椅、茶具,皆为从中国运来的瓷器、雕器、漆器制品。正北墙挂有一幅8尺长的工笔牡丹,画纸已变黄,可画面依旧栩栩如生。老头儿得意地用中文说:"我爱人画的。"并说他夫人在中国上过工笔重彩的国画科班。这儿的每件中国货都颇具来历,其中佛龛和一只用整块红木雕成的茶几是周恩来送给他的礼物。这里至少悬挂着三张他在不同场合与毛泽东、周恩来的合影,其中还有毛、周的亲笔签名。

一杯土耳其咖啡落肚,老拉吉卜的故事又侃侃而来。40多年前的一天,周恩来到刚开设的埃及驻中国大使馆做客,发现阿拉伯人喜欢吃的煮蚕豆与中国蚕豆味道大为不同,不仅个儿大,而且不涩。周恩来当即向拉吉卜要了一小

　　首任埃及驻中国大使拉吉卜博士手捧有周恩来亲笔签名的合影，缅怀中国总理周恩来。

袋未煮的生豆带回家去。不久,中国开始试种阿拉伯蚕豆,首先满足驻京阿拉伯人的食用,继而在中国大地普及了这种蚕豆品种。

1958年的一天,拉吉卜途经北京西直门,看到成群结队的人拆城墙砖盖工厂,他当即找到周恩来提意见,说城墙像金字塔一样是宝贵的文化财富,现在中国很闭塞,将来开放了,城墙能带来可观的旅游收入。周恩来听取了他的意见,打电话下令保护城墙。说到此处,老头儿得意地仰面大笑。

说着,老拉吉卜翻出一张发黄的中国报纸,上面印有当年他肩挑扁担在十三陵水库工地的照片。老头儿自称作为尼罗河的子孙,饱受水患之害,最懂得兴修水利的重要,因而当年亲自率领埃及使馆全体人员和48名在京的阿拉伯留学生奔赴十三陵水库工地义务劳动。此后,各友好国家驻华使馆纷纷效仿他的行动,周恩来称赞说:"哈桑·拉吉卜在外交史上发动了一次具有历史意义的革命。"

老头儿又翻开一本美国《幸福》杂志,指着一位坐在孩子群中的中年男人得意非凡:"这是我毕生最得意的作品——我惟一的孩子,他是亚特兰大最有名的儿科医生。本来我可以把他塑造得比现在还好。"原来,当年周恩来听说拉吉卜只有一个孩子,正在大学念书,便建议他把孩子接到中国学中医,可当时拉吉卜不信中医。说到此,老头儿追悔莫及:"假如我儿子学了针灸,那他现在一定是美国医生中的首富。"

穿过有微型车床、钻床、墙上挂着数百把不同型号钳子、扳手的车间,来到老头儿的卧室。这里挂着那张拉吉卜当年和中国领导人并肩站在天安门城楼向 50 万中国青年招手的照片,我凑上前去,钻研良久,可只认出其中一人是郭沫若,至于其他人则一无所知,这令老头儿大失所望。

在此后的两年里,我把我认识的所有来开罗访问的中国大人物都带到老拉吉卜的那张照片前辨认一番,可都没能使他满意。包括《人民日报》社长邵华泽、北京市副市长张百发,也无法认全那张照片上的几十个人物。

纸莎草纸的发掘者

漫步埃及街头,从希尔顿酒店到汗·哈利利市场、不论街头巷尾,还是商店地摊,四处可见一种称之为"帕毕鲁斯"的"纸莎草画"。这是将古埃及神话画在古老的纸莎草上的精致工艺品,而老拉吉卜正是这一专利的持有人。

30 年前,拉吉卜大使参观天津造纸厂,中国蔡伦的造纸术对他震动极大,当即暗下决心,要让失传千年的古埃及纸莎草纸再现于世。

拉吉卜卸任回国后,潜心研究古埃及造纸术。可古埃及造纸术由于法老控制,十分秘密,在文字历史高度发达的埃及,史书对此竟无丝毫记录,早在 1000 多年前业已失传,连供造纸的纸莎草亦已在埃及绝迹。为发掘埃及古纸,拉吉卜溯尼罗河而上,经过数年寻找,终于在苏丹南部找到了纸莎草。

纸莎草(Papyrus),阿文称"伯尔地",是一种多年生草本植物,生于浅水沼泽之中。根部为鱼鳞状嫩叶,茎光滑无叶呈三棱形,顶端为辐射状细长针叶。古埃及人用其盖房、造船、织席、编筐,《圣经》中的摩西(《古兰经》中称为穆萨)就是坐在纸莎草筐里逃生的。据说当时埃及法老横施暴政,民不聊生,神谕法老权杖将落入由他抚养大的希伯来男孩之手。法老惊恐万分,下令杀死所有希伯来男婴。摩西父母均为希伯来人,他出生后不久即被父母放入纸莎草筐中,抛入尼罗河,后被法老之女捞起,抚育成人。摩西长大后逃出埃及,完成摩西十诫,成了希伯来人的领袖。

拉吉卜将千辛万苦在苏丹找到的纸莎草移植回埃及,精心培育,使绝迹千年的古草在开罗南部尼罗河雅各布岛迅速繁殖。

仔细研究古代埃及纸之后,拉吉卜终于揭开纸莎草纸的制造秘密。他先将纸莎草剥去表皮,将其茎削成薄片,浸泡水中;再把充分吸水的薄片纵横排列经纬交织,覆以巨石挤压干燥,由此仿制出古代的草纸。拉吉卜的发现立即取得专利,法国为此授予他纸莎草学博士学位。

当年拉吉卜耗前半生积蓄创建的纸莎草研究所,今天已发展成拥有研究室、制作车间、绘画室、展厅、销售门市的综合产业实体。他生产的纸莎草纸可以保存千年以上,一扫普通纸易黄易脆的缺点,其产品行销世界各地。

法老村的主人

老拉吉卜是个从不满足的老头,就在他将雅各布岛种满纸莎草的时候,一个更庞大的旅游村计划也在同步进行。

拉吉卜先在环岛的杂草水道中竖起 12 座神像,依次为霍鲁斯神、太阳神、尼罗河神、农神、力量之神……每尊神像都有一段惊心动魄的神话故事。拉吉卜又在这座 15 万平方米的小岛上种上 5000 棵树,修建了古埃及时期的庭院、神庙、鸽子窝、牛棚。雇了 300 多名男女老少,身着古埃及粗布服装,充当"村民",使用黄牛木犁、古网草船,刀耕火种,从法老到祭司、牛郎、羊倌、渔父、农民、闲汉,七长八短各色人等,一应俱全。拉吉卜将他种草的荒岛命名为"法老村",引得来埃及旅游的各国游客蜂拥而至,挤上小船,跟着手持麦克风的导游,围着小岛大眼瞪小眼地观看古老的耕种、收割、汲水、捕鱼、酿酒、纺织、造纸、建屋等活动……仿佛回到了四五千年前的古埃及。

去年,老拉吉卜又在岛上复制了帝王谷的图坦·卡芒墓,使这座世界上最古老最完整而严禁参观的古墓重现于世,从专家学者的著作、电影、电视中得以再生。

老拉吉卜已经 83 岁,孤身一人往返于纸莎草研究所、法老村和尼罗河畔的家。他毕生还有最后一个野心,就是用纸莎草纸代替现代纸。现代造纸业以木材为原料,每年都有大片森林被伐,而社会的发展使纸张总是供不应求。拉吉卜认为,以多年生草本植物纸莎草为造纸原料,年年收割、年年生长,既保护了森林,又降低了成本。据研究,每费丹(6.3 华亩)沼泽地上的纸莎草可以制造 16 吨纸,埃及政府已将阿斯旺高坝湖沿岸的 2 万费丹土地辟为纸莎草生产基地。

拉吉卜目前正与日本投资商合作，共同开发纸莎草科研项目，用现代技术改进纸莎草纸制造工艺，研制高质量的现代纸。

1992年春，北京市副市长张百发访问埃及，我开着大吉普带他参观，钻遍开罗的大街小巷。临了，张百发恋恋不舍地离开法老岛："全埃及还就这个小岛有点意思，你说咱们怎么就不能也造一个呢？"

我的外国记者朋友

莽汉纳伯特

在开罗市泽马利克区一幢别墅的阳台上，一条壮汉正逐一向参加酒会的来宾打听最新出品的镇静剂，因为现有的所有安眠药对他都已不起作用。他懒洋洋地变换着姿势，努力保持上身水平以使一只以他的驼背为沙发的黑猫能睡得舒服些。他一面大口啜饮不加冰的黑牌威士忌，一面不停地埋怨时运不济，混到如今这步田地，回忆当年玩命的辉煌岁月。这条蓬头垢面的壮汉就是大名鼎鼎的纳伯特·席勒，美联社驻开罗摄影记者，一条胆大包天的莽汉。在大多数人看来，这位老兄在许多场合的古怪举止只有在娱乐宫拐角的哈哈镜中才能找到。

以色列从加沙撤军前夕，穆巴拉克、阿拉法特、拉宾在开罗紧急会谈，上百名记者汇聚开罗总统府。十几位资深记者，身佩胸卡，自报姓名，获准鱼贯进入总统府，所有人都诚惶诚恐，惟有纳伯特·席勒一脸猥亵地自称是《花花公子》

的摄影师,结果一下子惹恼了不苟言笑的总统卫队。幸亏美联社牌子大,一位新闻官员又认识纳伯特的老脸,才把众目睽睽下出尽洋相的纳伯特从轻发落。

埃及内政部长被刺,安全人员拳脚相加驱赶摄影记者,一拳正打在纳伯特的小腹上,这条莽汉当即大吼一声,放开美式门户,直打得那个警察望风而逃。以上这两场闹剧都是我亲眼目睹。

谈起辉煌的往事,纳伯特总是陶醉在两伊战争的硝烟中。当时他受雇于法新社,把自己绑在直升机的滑橇上,航拍波斯湾的海战和油井大火。这类冒险对他可不是偶尔为之,纳伯特每天不停一直干了整整一年半。当他结束这份工作、返回老家加利福尼亚的圣巴巴拉时,就像远征伊比利亚后凯旋的拿破仑。家乡电视台的一个摄制组闯进他本来就奇热无比的小屋,又打亮两盏钨灯,直烧得他面对摄像机双手乱舞:"我是自始至终呆在直升机滑橇上而惟一活下来的人。你们大概还不知道,战争中的人全他妈疯了!"

纳伯特在开罗已经住了 12 年,按他自己的说法,他的聪明远大于他的鲁莽,至今鼓舞他振作起来的惟一动力还是他早年看过的一本书,该书的作者威尔福雷德是位勇猛异常的英国水手,本世纪初便横扫了埃塞俄比亚、阿富汗、伊拉克沼泽等人迹罕至的各种禁地,并将自己亲历的奇闻轶事著书出版。

纳伯特啜了一口威士忌:"我现在还在读威尔福雷德关于埃塞俄比亚的一本书,我完全同意他的观点:内燃机的发明大大损害了世界原本完好的面目。我本应生活在威尔福雷德时代,真正的探险不依赖任何机器,人只有强迫自己把自己的能力用到极限才叫探险。"

埃及是纳伯特人生探险的第一站,他在这里的感悟远比他在中东、非洲其他洪荒之地十多年劫掠式探险的全部所得还要有价值得多。

1978年的欧洲是纳伯特人生的跳板,当时他与其他两名大学生邂逅于雅典,计划暑假周游欧洲。纳伯特主张去土耳其,可他的两位朋友却心血来潮要绕道开罗。

"就是当初死活要来开罗的那两个家伙,在开罗呆了三天便悄然而去,而我则坚持下来,我一直向南走到卢克索。在那里,我一人冥思苦想了六个星期,最后我对自己说,我必须生活在这里。"

纳伯特埃及之旅恰逢吉米·卡特总统促成埃以和谈的万象更新之时,当时埃及到处充满了生气。即使这一和平浪潮刮过之后,其余波还久久不散。无论在街头还是在公共汽车上,每个人都想参与中东和平进程,每个人都要你明确表明你的观点。纳伯特正是为此才重返埃及的。

在加州大学圣巴巴拉分校继续学完三年课程后,纳伯特感到重返埃及的时候到了。当时他面临三种职业选择:旅行摄影师、自由作家和国际救援志愿人员。纳伯特的背景显然无法与牛津、剑桥的毕业生相匹敌。在谋生的道路上他不得不改变轨迹,当了一名苏丹难民救援人员,只有这样才能靠近他所热爱的埃及。一个偶然的机会,使他获得一份拍摄尼罗河幻灯片的工作,纳伯特花了一年多时间,沿尼罗河漫游了埃及、苏丹和埃塞俄比亚。想不到这一经历竟成为他投身职业摄影生涯的转折点。

"尽管当年我拍的那些幻灯片不怎么样,可我却喜欢它们,"望着满地的尼康、哈萨相机,纳伯特脸上露出怀旧的忧伤,"当时我只有最简单的照相器材,可那批幻灯片凝结的汗水比以后历次工作的辛劳都多。"

"新闻是很讲结构的。你必须把照相机取景器内填满各种有用的信息符号,这样才能精确地告诉读者世界上正在发生什么。如果我始终追求旅行摄影,我可能早就成为《国家地理》杂志的摄影师了。我可能有更多的机会展示或者改变自己的风格,当然,我已建立起自己的独特风格。如果能重来一遍,我会以全新的透视处理照片,处理人生,起码不会混到今天这一步。"言罢,他将面前的威士忌一饮而尽。

纳伯特·席勒十几年拍摄的照片经美联社转发后,刊登在数不清的报刊上,上千万的读者坐在自家的安乐椅上,看到约旦、伊朗、巴勒斯坦的政治示威、埃塞俄比亚的起义、厄立特里亚的独立、西撒哈拉内战和海湾战争……

纳伯特根本无法适应和平年代的安稳生活。1992年以来,他管辖的中东、非洲地区,一直风平浪静,"这简直是浪费人生,我看只有南斯拉夫的战火和索马里内战还有点刺激"。在令他兴奋不已的机会到来之前,纳伯特只好无可奈何地帮太太抱刚刚出生四个月的女儿。尽管他在酩酊大醉之后四处夸耀开罗是生孩子的宝地,他将守着娇妻幼女安享天年,可现任美联社文字记者的纳伯特夫人心里明白:要么把老公送上战场玩命;要么任他在家里酗酒发疯。

断腿巴利

断腿巴利在贝鲁特弄断他那条他自诩为比玛丽莲·梦露的玉腿更直、更长、更性感的右腿已经将近十年,那时他远比现在要精神得多。当年,数不清的黎巴嫩姑娘纠缠着这个十足的北欧海盗船长型的小伙子。据称他的祖辈来自挪威,他的姓"伊文森"是挪威贵族才敢用的大姓。断腿巴利讲过一个他祖上的故事,据说当年他爷爷的爷爷是一帮北欧海盗的头子。一天爷爷的爷爷又洗劫了一个小岛,照例扯开嗓子大吼:"我抢劫! 我强奸! 我……"话音未落,一扇房门应声而开,走出一位年过半百的老妪,口称谢谢,一下扑到爷爷的爷爷面前。日后,这老妪成了巴利的爷爷的

《时代》记者"断腿巴利"(前排左一)与美联社的纳伯特(前排左二)

奶奶。尽管巴利持有美国护照,但他总是认真地强调:"我真是挪威人,不是美国人。"

十年前,欢蹦乱跳的巴利是贝鲁特战火中最活跃的突发事件摄影记者,哪里出了乱子哪里准有他。也许是因为他太欢实了,一颗迫击炮弹在他"裤裆下爆炸",多亏上帝有眼,仅炸坏了右腿。

我第一次听说断腿巴利还是海湾战争正酣之际,当时我正单枪匹马地从"飞毛腿"横飞的特拉维夫绕道尼科西亚、开罗、安曼重返巴格达。我的北大老校友、中国驻伊拉克大使郑达庸一见面就塞给我一封信,还神秘地挤了挤眼睛:"这可是美国来的!"能在炮火连天的巴格达看到扔炸弹的美国人的来信,本身就挺幽默。信是我的老朋友、世界新闻摄影大赛金牌得主阿龙·瑞宁格写来的。他在信中列数战争罪恶,劝我还是离战争越远越好,并引用《圣经》上的话:"玩刀者,必死于刀下。"知道我为人固执,阿龙特别提到他的好友、《时代》周刊摄影记者巴利,在贝鲁特险些丢了小命。

在阿盟外长紧急会议上,我第一次碰到头戴迷彩牛仔帽、一瘸一拐的断腿巴利,我走上前去:"打扰了,我猜您就是断腿巴利,我是新华社摄影记者、阿龙的朋友。"巴利斜眼用西部片中才有的姿势从下到上打量我一番之后,才猛拍了一下我的左肩,用中文说:"知道,阿龙说你总穿红的。"看到我惊讶,他炫耀道:"我在哈佛学过中文。"从此,我和断腿巴利成了哥儿们。

随着安理会制裁利比亚的 748 号决议生效之日迫近,

中东地区的各国记者跃跃欲试,纷纷伺机进入利比亚。巴利拖着瘸腿、开着"七九"式美军吉普一日三遍地往利比亚使馆跑,准备凑齐一伙胆大妄为者结伴远征、穿越撒哈拉沙漠直取利比亚。就这样,我被断腿巴利引荐给美联社的莽汉纳伯特:"鸭子有辆三菱山猫,我们要一直开到的黎波里!"尽管这次行动最终夭折,但从此我们三人几乎形影不离。

在开罗,诸如航空母舰通过苏伊士运河等消息往往得等西方传媒播发后,新华社中东分社才抄收转发,因为种种原因我们的文字记者几乎从不到场。作为摄影记者,若想拍到正在发生的新闻,只有依靠外国记者朋友提供信息,而巴利和纳伯特的消息正是全开罗所有记者中最灵的。他们都娶了当地女人,BP机、大哥大不离身。从住宅到办公室,为他们通风报信、提供新闻线索的形形色色人员来来往往,他们已深深地扎根于当地社会,疯狂地吸吮一切有价值的信息。每当有航空母舰通过苏伊士运河之类的重要新闻,我的"酒肉朋友"纳伯特和巴利都会主动打电话通知我:"鸭子,开上你的车!"因为在中东所有新闻机构中,新华社的汽车是首屈一指的。在开罗,拥有"奔驰"轿车的新闻记者只有中国人,这一点令外国同行们大为羡慕。

几条大汉挤在我的吉普车中,享受着空调冷气,往返几百公里热带沙漠。沿途轰轰烈烈的各民族的粗俗笑话争奇斗艳,各种语言的脏话不绝于耳,我车中的白菜馅包子也被当做三明治,用军刀切成若干等份,每人一口。

海湾战争结束后,美军两次轰炸巴格达前我都在酒桌上得到了消息,只可惜我周围但求无过的作风阻碍我与这帮抓"老鼠"的"大公猫"一同前往,一再坐失抓住好新闻的良机。

巴利现在娶了一名正在开罗美国大学念书的埃及女人做太太。开罗美国大学是与贝鲁特美国大学齐名的美式贵族学校,穆巴拉克夫人苏珊等名媛皆毕业于此。巴利那位温柔富有的太太在尼罗河心泽马利克岛上买了一套公寓房,准备安下心来过日子。可巴利积习难改,仍背着沉重的摄影包为《时代》周刊玩命。

1992年埃及大地震,我在海利波利斯一幢倒塌的十四层大厦中与一瘸一拐的巴利不期而遇。当时他正弯着那条完好的左腿往一块断裂的水泥预制板上爬,他那大眼睛的

美联社驻巴格达记者在太阳底下用卫星电话联络

埃及太太在后面用力抱着他那条残腿往上举。

巴利喜欢穿黑帆布工装裤、黑色"阿迪达斯"运动鞋、背黑色"多姆克"摄影包一瘸一拐地走。我不止一次地看到他吃力地捋起右裤腿,眉飞色舞地给簇拥着他的崇拜者们讲贝鲁特那颗炮弹如何命中他的裤裆,险些废了他,可他福大命大,最终只断了右腿。急救手术时他又如何镇定自若,矜持幽默,令医院中的女护士泪水潸然。《时代》周刊至今坚持每年让巴利回一次美国,对他那条断腿进行理疗,可每次理疗之后,巴利似乎比往日更瘸。

巴利特别喜欢中国的"双喜"香烟,我总把使馆的朋友送我的香烟转送给他抽。按他的理解"双喜"(Double Happinese)有同性恋的暗示,像中国的京剧,吓得我赶紧表白我和大多数中国人绝无此雅兴。巴利说他曾抽过一种"长征"(Long March)牌的中国烟,味道之妙至今难忘。每逢人多的时候,巴利总是炫耀他的两句半中文:"我说北京话不说广东话,我吃广东菜不吃北京菜。"车轱辘话连念十几遍,声音越念越大。最后,得意地歪头环顾一周后宣称:"我和鸭子在一起总说中文。"其实,巴利能讲的中文满打满算也就两句半。

闲暇时,巴利常开着那辆老掉牙的美军吉普沿尼罗河兜风,两听啤酒落肚,遥望无穷远的泪眼便没了焦点。

患难与共的河野

当我从海湾战场归来,出乎意料地接到日本共同社记者河野从外交公寓打来的电话，想不到这老兄竟真调到北京任常驻记者。电话中他迫不及待地要来一睹我是否还完整无损，我弄不清是哪位"太君"编造了我已暴亡的神话，乃至在开罗机场碰到一个叫小原洋一郎的共同社摄影记者，竟怀疑我是个冒牌货。

河野是我北大时的校友，毕业于早稻田大学政治系，后留学北大进修中文，毕业后任共同社驻京记者。1989年夏曾在北京工作过，1990年亚运会期间他为我拍的《毛主席外孙在亚运村》配写过文章，想不到在海湾战争爆发前夕，我们在巴格达再度相会。美联社摄影记者多米尼克称此为"世界级捣蛋鬼"的又一次大聚会。

战时的巴格达，且不说军警宪特，光是革命觉悟极高的老百姓就让你对付不了。为博得好感，我将摄影背心前胸后背都缝上五星红旗，并用阿语、英语大书"人民中国"。经验丰富的河野对我的装束大为赞赏，看着他艳羡的眼神，我许诺，如果打完仗彼此都还活着，我一定送他一面同样的红旗，激动得河野用力握了握我的右手："患难与共。"此后，河野无私地与我共享新闻线索，还将共同社的底片传真机无偿供我使用。在他的帮助下，我拍的联合国秘书长德奎利亚尔在巴格达作最后努力的照片在日本被广泛采用。

战争爆发后，河野不顾轰炸，驱车700多公里前往伊拉克边境采访。知道我囊中羞涩又自尊心极强，他装作漫不经心地拍拍我的肩膀："上我的车，快去买些食品和水！"途中，我的相机遭没收，人被扣押，多亏河野破费"皇军"的硬通货千方百计营救，我才得以继续上路。

日本共同社记者河野(左)

在约旦河谷地,河野失踪的消息使我大惊失色。我急急忙忙赶到安曼洲际饭店共同社总部,共同社中东首席记者近藤正守着电话机发呆。看到我一头撞进来,近藤两手一摊:"摄影记者大河源在死海拍照惹了麻烦,河野上前营救也一同被抓走。日本大使馆正设法援助。"

深夜,在一间不知名的小饭馆,近藤做东,为刚刚恢复自由的同事压惊。大河源说这回平了上次在东亚某国被拘七小时的纪录,河野说这等于又得了枚勋章。这是海湾战争中我们最后一起喝酒,大家都挺伤感。河野与大河源次日将经伦敦返回日本,近藤则穿过阿仑比去以色列。河野含泪将一大包止血绷带和其他美军战地急救用品塞给我:"以后就剩你一个了,千万别太猛! 遇事要多想。钢盔、防弹衣、防毒面具要随身带。要活着! 活着才有一切。一定要再见面呀!"

河野他们走后,我孤身一人经约旦、塞浦路斯进入以色列,每当恐怖袭来,我总想起与我几经生死的河野。

　　直到回国,在北京新华社,我和久别重逢的河野再次紧紧拥抱在一起时,我当时竟怀疑是在梦中。不久前我从中东分社回国,我们又坐在小酒馆里,河野恨不能一口气告诉我这些年他都干了什么。尽管他每月需将全部工资的75％交给前妻抚养四个孩子,可他还是与他的朋友一起在中国帮助建起两所希望小学。与此同时,他还与友人发起倡议,建议日本政府为侵华战争向中国道歉并主动支付战争赔款。河野认为,礼仪之邦的中国素有"相逢一笑泯恩仇"的大度,但日本政府应主动做出表示,这样对日本更有好处。最后他告诉我,他已爱上一个中国姑娘,很快就会成为中国的女婿。

流入梦中的苏伊士

从一万米高的海湾航空公司波音航班朝下望，一段蔚蓝色的直线把原本联在一起的欧亚大陆同非洲大陆一斩为二。尽管在 1∶1200 万的世界地图上这段蓝线长不足 5 毫米，可它使波涛滚滚的红海由此北上，流入碧波万顷的地中海。我这样写可能有人不同意。可我在苏伊士运河游泳时，它的确由南向北湍急地奔腾着，以至我横渡河口后竟被冲向下游 200 多米。茫茫大海上，成千上万的舰船向此汇聚，熙熙攘攘如过江之鲫，井然有序地沿着狭长的水道挺进，这就是大名鼎鼎的苏伊士运河。

在我任新华社中东地区摄影记者的三年里，我已记不清多少次乘飞机从它上面飞过、乘巡逻艇沿河漂渡、驾大吉普搭轮渡横跨运河上所有 11 个渡口、驱车穿越运河腹下的洲际隧道，我还冒着遭红海姥鲨袭击之险，在宽广的苏伊士运河河口从非洲游到亚洲……

对我来说，"苏伊士"不仅仅是世界上最繁忙的一条河，一座历史悠久的古城，一个尸横遍野、有数不清无名战士墓地的战场，一片焦黄干涸、满目荒凉的热带沙漠，更是我有限生命中最神奇的一部分。

通过运河

午夜,我随一群埃及引水爬上一艘快艇,解缆起航,将笼罩在一片桔黄色灯光中的塞得港甩在脑后。大胡子水手嘴角的大烟斗在夜海中忽明忽暗,无线电对讲机中嘈杂的阿语问答一来一往。我们的小艇随着起伏的黑浪一直驶向塞得港正北泊有上百条舰船的地中海锚地,坐在我身旁的十几位引水将各自分别带领一艘万吨巨轮由地中海驶向灯火阑珊的运河河口。

摩托艇靠上泊在锚地的"格兰纳"号,我随引水哈利德攀着扶梯爬上这条排水 3.8 万吨的挪威散装货船。"格兰纳"号来自汉堡港,满载钢材前往阿联酋首都阿布扎比。引水哈利德一直爬上"格兰纳"号驾驶台,与挪威船长并肩而立,指挥船员升起埃及国旗,引导着这座水上城市般的庞然大物开向运河河口。夜海中,摩托艇上其他埃及引水也已分别爬上余下诸船各自的岗位。由二十几艘万吨巨轮组成的船队燃亮桅灯、尾灯,排成一条直线对准位于苏伊士运河北端河口的塞得港,左红右绿的舷灯像一条彩练。

由于苏伊士运河航道狭窄,运河管理局不得不实行单向通行规则,日通行能力为三支船队共 78 艘货轮。其中由北向南两支船队 52 艘,由南向北一支船队 26 艘。位于伊斯梅利亚的运河管理局中央调度室,根据当日情况灵活调配每天通过运河的舰船。

联结亚非大陆的惟一陆路通道——苏伊士运河海底隧道。

　　我们的"格兰纳"号夹在一支由北向南的船队中缓缓行进,右舷开始出现一座灯光灿烂的城市,正是刚才我们逗留的塞得港,这座始建于 1869 年运河正式启 用之日的小城,已经发展成拥有 50 多万人口的现代自由港。现在,埃及政府已将其辟为免税区,街头商品五光十色,从 Sony 彩电到 Cartier 时装;从 Rolex 手表到 Heineken 啤酒,还有中国的清凉油、小五金,应有尽有。此时,第二程引水爬上船来替换了引水哈利德,船队开始进入河口。

　　新登船的引水将一台中继无线收发报机固定在"格兰纳"驾驶台上,据说这样可以把通过运河船只的航速、位置及与其他船只的间距随时通知位于苏伊士运河中游伊斯梅利亚运河管理局的电脑中心。快艇载着哈利德等完成使命的引水返回塞得港，以下至伊斯梅利亚的航程由这位光下巴的小伙子担任引水。

清晨，自塞得港由北向南航行了 98.5 公里的船队缓缓驶过埃及最美丽清洁的小城——伊斯梅利亚。这里，精致的总统别墅依山傍水，埃及总统穆巴拉克与以色列总理拉宾曾多次在此会晤。此时，冉冉升起的沙漠旭日透过晨雾，阳光越过总统别墅直射到苏伊士运河管理局 13 层办公大厦顶端的控制塔上。控制塔是整个运河的神经中枢，现代化的计算机系统控制着整条运河及其出海口，向所有通过运河的舰船发号施令。

在伊斯梅利亚，第三拨引水登船换下忙碌了一夜的上一拨引水，率领船队继续南下。进入宽广的大苦湖后，船队就地抛锚，等候当天早上从运河另一端苏伊士城方向开来的北上船队。午后，迎面而来由 30 多艘油轮组成的船队终于交臂远去，我们的船队得以进入伊斯梅利亚以南的狭长水道继续南下。

在黄昏夕照里，我们的船队终于看到苏伊士城河口清真寺高高的双尖宣礼塔。第四拨引水在此登船接替第三拨引水继续导航，一直将航行了一天一夜的船队送出苏伊士河口，通过苏伊士湾，驶向红海。我抬腕看了一下手表，商船通过苏伊士运河共用了近 20 小时。

运河沧桑

今天的苏伊士运河南北全长 161 公里，加上延伸到大海中的水道共长 195 公里。其实远在法老时代,苏伊士地峡曾有过一条蜿蜒的小河,但随着时光流逝,沙漠的侵蚀使小河葬身在沙漠之中。1859 年,法国人勒塞普(Ferdinand de Lesseps)筹集资金发起"国际苏伊士运河公司",利用数十万埃及廉价劳工开凿运河。勒塞普出生于法国官宦世家,23 岁时任法国驻亚历山大外交官,其间偶然发现拿破仑的工程师佩尔勘测苏伊士地峡的报告。勒塞普遂把这份报告交给了好友塞得·帕夏,塞得·帕夏是土耳其驻埃总督穆罕默德·帕夏之子。1854 年,塞得·帕夏接任父位,授权勒塞普开辟运河。1859 年 4 月 25 日,勒塞普组建的运河公司在以塞得命名的塞得港破土动工。当时埃及全国人口仅 500 万,为开通运河,埃及每月动用 6 万苦力轮流去工地。在开凿运河的 10 年里,共有 12 万埃及苦力丧生。经过 10 年的挖掘,1869 年 11 月 17 日,北起地中海塞得港,南至红海苏伊士城郊陶菲克港(Port Taufiq)的苏伊士运河正式通航。

苏伊士运河通航把利物浦到孟买的航程缩短了 2 万公里,由科威特经运河到希腊,比绕好望角节省 23 天航程。巨大商业利益使苏伊士运河承担了环球海运的 1/10,此外,还有大量非商业舰船如军舰等取道苏伊士运河以提高效率。

1875 年,英国乘埃及政府财政困难之机买下苏伊士运河公司的 44% 股票,继而在 1882 年占领埃及。苏伊士运河公司成了英国建在埃及的国中之国,拥有自己的密码、旗帜。到 1955 年,英国仅把全年运河收入 3500 万埃镑中的

100 万埃镑交给埃及。

1956 年 7 月 26 日,埃及总统纳赛尔宣布运河收归国有,推倒了立在塞得港运河河口的勒塞普像。英法联合以色列出兵干涉,第二次中东战争即苏伊士运河战争爆发。由于中、苏、美等国及世界人民的支持,埃及终于将运河收归国有。

1967 年 6 月 5 日清晨,以色列先发制人,一举炸毁埃及的全部 10 个机场,第三次中东战争即"六日战争"爆发。以色列仅用 6 天时间就占领了西奈半岛、约旦河西岸和戈兰高地,苏伊士运河由埃及内河变成了交战的前线。无休止的空袭、炮战、水雷和小规模突击迫使运河关闭,埃及政府把运河两岸的 75 万居民撤至尼罗河沿岸,运河成了"死河"。

"六日战争"后,以色列 43 岁的巴列夫将军取代拉宾继任以军参谋长,为能"以最小兵力取得最大防御效果",以色列在苏伊士运河东岸构筑了长 160 公里的"巴列夫防线",苏伊士运河被无限期地关闭了。

1973 年 10 月 6 日,埃及、叙利亚、约旦、伊拉克、沙特、巴勒斯坦联合发起突袭,第四次中东战争即斋月战争(战争爆发之日恰逢以色列赎罪日,故亦称赎罪日战争)爆发。埃军用高压水枪摧毁运河东岸的沙垒,在炮火支援下武装强渡,埃及人仅用 90 分钟就突破了防线,再次控制了运河两岸。

由于阿以冲突,从 1967 年~1975 年运河关闭了 8 年之久,短短 8 年使世界贸易损失了 140 多亿美元。战争炸

1993年12月,苏伊士运河拓宽工程接近尾声。运河日收入540万美元,是埃及政府的第三大收入。

毁了苏伊士城85%的房屋,从大苦湖到陶菲克港,交战双方遗弃的各种重武器至今滞留在原地,俯首可拾的锈蚀弹壳讲述着悲壮的战争故事。

运河自1869年通航至今,先后扩建了10次。水深已从当年6.75米变为今天的16.15米。运河横断面从304平方米增至3700平方米,增加了14倍。1976年,运河重新开放后,苏伊士运河管理局开始对运河全面整修,安装大功率无线定位导航雷达网,运河管理局中央控制室存储了全球近3万艘船舶和近千名引水员的档案资料。与此同时,运河河道上至今保留着各种古老的视觉航标、直线导标和水界导标,甚至还有雾角等声标,与现代化的电波航标配合使用。在狭窄而多雾的河段,还在沿岸修建供紧急泊船设立的系缆桩,以防因巨大风浪而造成的船舶互撞。

已有 130 年历史的苏伊士运河历尽沧桑,静候着远来的船队。早在 1956 年运河收归国有之 前,运河管理局高层职员中根本没有埃及人,只有 27 名埃及人充任低级引水。

1992 年,我作为随同摄影师随钱伟长访问了苏伊士运河管理局的庞大的运作机构和运河研究所。据局长介绍,今天的运河局已发展成拥有 3 万多名员工的巨型企业,其成员全部为埃及人,其中 1.4 万人为运河局正式雇员,另外 1.1 万人在局属公司从事与运河有关的第三产业,如修船、餐饮。运河局设有自己的研究所,从事有关课题开发;还拥有自己的拖轮、挖掘船、修船厂和船坞等。1956 年运河国有化以前,仅能通行 6 万吨级以下的货轮,经过国有化后的

西奈的巴列夫防线

几次疏浚,已可以通行满载排水量 15 万吨、空载排水量 50 万吨的巨轮。每条船经过运河的通行费在 20 万美元上下不等,视吨位和载货性质而定。收费标准以"船型"(seize of ship)和"货型"(Type of cargo)综合考虑而定。目前 35％为油船,20％为集装箱货船。运河现在日平均收入 550 万美元,全部归埃及人所有。官方公布,1991 年运河过河费收益为 17.7 亿美元,1992 年为 18.6 亿美元,1993 年超过 20 亿美元。据介绍,运河局虽归国有,但政府通过特殊政策给运河局独立法人地位,使其以私营企业形式经营,运河公司总经理不受官僚程式限制,在法律范围内享有绝对管理权。"运河北段有泥、中段有沙、南段有石",因此,运河局在使用的同时,还得不断地维护运河清水长流。现在,有 21 个国家的挖泥船帮助埃及拓宽运河。

沿运河徜徉

驾吉普车沿运河徜徉是再惬意不过的事。从运河北端的塞得港沿河南下,首先是一派热带沙漠景观,滚烫的黄沙上连仙人掌都不长。萨姆导弹阵地旁四联 23 毫米高炮和闪烁其间的穿土黄迷彩服的埃及士兵随时提醒你这是军事禁区。这一带,一般车辆是禁止沿河行驶的,可我的大吉普却拥有一张特别通行证。

1992 年春,《人民日报》社长邵华泽率团访问埃及,急需一名随团摄影师,我和我的大吉普就这样成了《人民日报》的队伍。可头一天就遇上了麻烦,东道主《金字塔》报的车队在开罗街头横冲直撞，这家世界上最大的阿文报纸在中东比中央电视台在北京还要牛气十倍，可紧跟车队的我却处处受阻，连"7·26"大街的停车场都进不去。在《金字塔》报为邵老总举办的接风宴上，一位自称是给《金字塔》报老总开车的小伙子对我万分同情，我忙不迭地告诉他，我是那个中国大人物的摄影师兼司机，小伙子两手一拍："玛菲士穆士希勒（没问题）。"说着伸开手掌问我要大吉普车的钥匙，看着他那喝得像烤全羊一样紫红的脸，我弄不懂他要干什么。饭后，当我返回停车场时，只见我那位酒友正坐在我的大吉普中狠轰油门，我大吉普前风挡下面赫然多了张足有一尺长的巨幅通行证。

尽管我的大吉普享有沿运河徜徉的特权，可我从未以此违法乱纪。在标有严禁摄影的区域，我总是将相机装入器材包内以免引起误解。一次，我开车带三位同事过运河，其中一位老兄硬要举着"傻瓜"乱拍一气，任我怎么强调军事禁区，可他还乱照不停，结果引来了一队宪兵，非要没收相机不可。事情危急，我忙掏出穆巴拉克总统摄影师的证件上去解围，可面色铁青的阿兵哥就是不肯宽容。万般无奈，我想起三天前在埃及第2机械化军学来的骂人话，指着我那个同事用阿语大骂："真是个上面没长脑袋、下面没长那玩艺儿的笨蛋！"不料这句流行于大兵中的阿语竟逗得宪兵前仰后合，朝我连连挥手："安拉宽恕这个什么都没有的废人！"事后，我那位惹是生非的同事诚惶诚恐地问我对大兵说了什么？我说："我告诉他们你是上司，其余的人是你下属。"我那位同事立即得意洋洋："你看，人家就比你尊重领导!"

在塞得港南 55.5 公里处,就是著名的坎塔腊渡口,在这里可以将吉普开上轮渡,直抵西奈。由渡口向东狂奔 270 公里就是阿里什,由阿里什直行 50 公里则是加沙地带。我曾经几十次往返于加沙至开罗间的沙漠公路,以至渡口的船工一见我的大吉普就高喊"西尼"(中国)。在这里过河我向来不用排队,而我每次过河总是以双喜烟、清凉油和圆珠笔作为对渡口船工的酬谢。

在塞得港南 98.5 公里处的伊斯梅利亚,有一家濒大苦湖而建的咖啡馆,有个令人回肠荡气的名字——"渔人"。这一带是人口稠密的农业区,从尼罗河引来的甜水渠深入到农田阡陌之中,滋润着椰枣、桉树、柑桔和草莓。这里的男人骑在驴背上阿凡提般沿小径匆匆而行,妇女则长袍垂地,在芒果林掩映的泥屋下洗衣煮饭。我常将大吉普开到泥泞的屋檐下,在棕榈树搭的茅棚下面河而坐。浓烈的阿拉伯香料与耳畔快节奏的阿拉伯音乐交织出迷幻的异国情调。坐在"渔人"咖啡馆里享受一份煮蚕豆、霍姆斯酱大饼、烤鱼、蔬菜沙拉、鲜柠檬汁外加抽一袋"希沙"(阿拉伯大烟)不过 15 埃镑,而且全是正宗货。鱼是刚从运河中钓上来的,店主还亲自抓一把只有胡桃大小的运河柠檬为顾客榨一杯原汁。店门口有一排装满凉水的陶罐,向过往行人免费提供解渴饮料。

每当我坐在"渔人"咖啡馆的木凳上,望着烟雨迷蒙中缓缓行进的运河船队,总会沉浸在古道热肠的感慨之中,直到船队中导航的雾角一声断吼,才把我从断断续续的遐思中拉回到吉普车旁。在我情思悠悠的"渔人"咖啡馆对岸，就是伊斯梅利亚战争纪念馆，纪念碑是一支巨大的 AK 步枪，在几公里外就可以看见其突兀的枪刺直插蓝天，仿佛正对空鸣枪以纪念四次中东战争阿以双方战死的无名烈士。我先后 17 次前往那里凭吊战死的英灵，其中最后一次是陪政协副主席吴学谦。那天我开着大吉普在前面带路，由于车速太快，连保险杠跑丢了都未发现，想不到竟被紧随其后的吴学谦的司机小陈捡了回来。就在我丢失保险杠的那段沙路上，埋葬着上万名无名战士。

隧道和航母

驾吉普继续南下至运河 143 公里处，就是著名的"A·H隧道"。该隧道南距苏伊士城 17.5 公里，1982 年通车。其名"A·H"源于埃及工程兵司令艾哈麦德·哈姆迪少将的姓名字头。在 1973 年的第四次中东战争中，哈姆迪少将亲自率人在苏伊士运河上架起浮桥，使埃军跨过运河，可自己却在战斗中阵亡，留下寡妻和两个孤儿。

A·H隧道自西向东在运河下 42 米深处横穿而过，长1640 米，内有照明设备和通风设施，双向车道宽 7.5 米，每小时通行能力为 2000 辆标准卡车或 1000 辆坦克。隧道静悄悄地在河底连结起亚非大陆陆路交通，具有举世罕见的战略意义。

A·H隧道是由非洲前往南西奈、蒂朗海峡、沙特、约旦及亚洲的陆上捷径，也是我在中东驾车往来穿梭采访使用

频率最高的通道。1993 年底我驾吉普车由开罗前往约旦
边境,迎接海湾战争中结识的北大校友、中国驻伊拉克武官
曹彭龄从巴格达调任埃及。往返仅三天,去时隧道费还是
1 埃镑,可返回时隧道费已涨至 1.25 埃镑。

　　在运河区,最刺激的莫过于拍摄航空母舰通过运河。
这类新闻由于属绝对军事机密,所以消息来源必须依赖美
国记者。我在中东期间拍到了美国最大的"尼米兹"级核动
力航母、"瓜达尔卡纳尔"号直升机航母和"斯普鲁恩斯"级
导弹驱逐舰等尖端舰只。

　　1993 年 6 月 28 日夜,开罗工程师区我床头的电话铃
突然振响,听筒中传来《时代》周刊摄影记者巴利的公鸭嗓:
"唐,你好吗?'罗斯福'号已进入塞得港,对,第六舰队,明
天中午,老地方。"

　　苏伊士城东有一座六层高的"红海饭店",它是苏伊士
城的最高建筑,其顶层是面向运河河口的餐厅。瘸腿巴利
说的"老地方"指的就是这里。

　　6 月 29 日中午,当我经过 150 公里的飞驰,风尘仆仆
地开进红海饭店停车场时,发现美联社摄影记者纳伯特的
破吉普早已停在了那里。我将车头向外,占据了正对路口
的位置,这是一遇风吹草动便可飞速逃跑的车位。

　　在红海饭店顶层面向运河的餐厅里,美联社的纳伯特
和 CNN 的摄影师已占据了面向河口的桌子,各自要了一
份西餐装模作样地吃。我亦要了一份有蔬菜沙拉、面包黄
油、西式汤和牛排的套餐,在靠窗的餐桌旁侧身而坐,眼睛
瞟向窗外静静的运河。功夫不大,瘸腿巴利、法新社的曼彻

苏伊士运河河畔一黑人对着美国航母大喊:"美国人滚回去!"

1993年10月12日,美国"瓜达尔卡纳尔"号直升机航母通过苏伊士运河直驶索马里,以加强美国在那里的影响。

尔和其他一大帮摄影记者亦鱼贯而入，像一群溜边的黄花鱼，争相抢占靠近窗口的位置，每人要了一份套餐大嚼起来。桌面上，一色的西餐咖啡；桌下，摄像机、照相机全都大张着镜头，紧贴着各自主人的右腿。

下午2∶10，随着 WTN 摄影师法鲁克一声口哨，餐桌上所有的刀叉一齐落在盘子里，所有的面孔同时甩向窗外的运河，所有的右手同时伸向桌下的摄影装备。窗外，红海饭店东北方向运河的尽头，茫茫沙漠上已赫然出现一簇庞大的雷达天线，继而是高高的舰桥。蓝灰色舰体姗姗而来，上层建筑上七八具大小不一、形态各异的碟状天线旋转不停。几十架叠起双翼的 F-14、F-18、EA-6B、A-6 与 E-2C 鹰眼雷达预警飞机整齐地排列在甲板上。这就是"西奥多·罗斯福"号，"尼米兹"级航母中最新的一艘（尼米兹级核动力航母为最大军舰，满载排水量9.5万吨，舰载高性能作战飞机90架左右。已装备海军的为"尼米兹"号 CVAN68，"艾森豪威尔"号 CVAN69，"卡尔·文森"号 CVAN70，"西奥多·罗斯福"号 CVAN71）。此时，只有广角镜头才能装下她庞大的舰身。

游出非洲

1993年12月3日，我最后一次将我的大吉普开进苏伊士城南端的陶菲克港，这里是苏伊士运河在红海的出海口。在这里，我无数次面向大海呆坐凝思，追忆我早已逝去的无限空虚的青春。在我停车的位置，有非洲的青山，与其隔海相望的是亚洲西奈半岛。再过两个星期，我就要结束三年的中东记者生涯，"走出非洲"。望着滔滔海水，我不禁产生一跃而入的渴望。

突发奇想的我不禁连蹿带蹦地扒掉衣裤，锁好大吉普，纵身跃入滚滚红海。

冰凉彻骨的海水扑面而来，河口浮游生物招来的沙丁鱼像无数支银箭从我身旁射过。右侧，又一队巨轮在海面上泊碇排列，准备过河，头顶蓝天上的片片白云正飞快地从非洲滑向亚洲。万吨轮螺旋桨推进器卷起的浮油粘在我的脸上，在眼镜片上结成七彩的光。深海翻卷而来的冰冷暗流令我清醒，我能听到自己骨节因为恐惧而发出的咔咔声，也许一条觅食的姥鲨已经盯上了我，可我喜欢这感受。

我自知我不是勇敢的人，可我追求生命的质量，盼望有

限一生能尽量体验多种感受。持续的冒险使我饱尝恐惧的悲哀,同时刺激我狂热的工作激情。在与自我拼搏了 40 分钟之后,筋疲力尽的我终于爬上西奈半岛。一种痛快的解脱感油然而生,我又有了新的体验:我从非洲游到了亚洲。

铸剑为犁的拉宾

1991 年 2 月 1 日夜,我乘一架以色列"阿尔法"式运输机冒着海湾战争的炮火在本－古里安机场着陆。这是我头一次踏上这块神秘的国土,当时以色列尚未与中国建交。我径直爬到特拉维夫希尔顿饭店顶层的阳台上,成为有史以来第一个用"新华社特拉维夫"电头发稿的中国人。入夜,我跟着一帮胆大妄为的西方记者守在楼顶上等"飞毛腿",喝威士忌,数遍古今的各国英雄。美国 CBS 摄影师海古德总是津津乐道地称赞以色列总长伊扎克·拉宾,仿佛他是圣乔治。可当时我对以色列的全部知识仅为一本田上四郎的《中东战争全史》和一张以色列地图。想不到在此后的三年里,我数次前往以色列,每次都与这位大名鼎鼎的拉宾将军有关。

一

1992 年 6 月 22 日,我第二次去以色列,奉命采访以色列大选。历史上的 6 月 22 日不是法国工人起义就是希特勒进攻苏联，而我则在这天连人带车都被扣在加沙与阿什克隆间的沙漠里，整整两车以色列国防军把我和我的大吉普押往西奈。在押解我的路上，南方军区的一位中校还执著地要与我打赌，是沙米尔赢还是拉宾赢，我毫不犹豫地选了沙米尔，可中校说我准输。

好在弄清楚我的种种苦衷之后，押送我的军警宪特迅速放我上了路。《以色列消息报》还为我的莽撞登了条特写："250名外国记者来以采访大选，31岁的中国记者让南方军区跳了起来。"

次日凌晨，当我从耶路撒冷驱车60公里赶至特拉维夫哈美利兹投票站时，只拍到瘦小枯干但总精神抖擞的沙米尔，而工党领袖拉宾则在几公里外的另一投票站投票。我急忙发动汽车，可《以色列之声》的记者偏举着个话筒横在我那因闯边界被传媒炒得火热的大吉普前，问我昨天是否遭到军警非人道待遇，由此是否会影响中以关系。我一面挂档、松离合器，一面歪着脖子告诉他："士兵不是以色列，我更代表不了中国。"想不到这段由吉普马达伴奏的采访在电台播出时，竟被中国驻以色列大使林真的秘书录了下来，林大使夸我回答得很有外交水平。

待我驾大吉普风驰电掣赶到投票站时，只见拉宾正躬身钻进一辆破旧的"沃尔沃"绝尘而去，至此，我追拍拉宾大选投票的任务就这么不体面地以失败告终。

好在当晚以色列工党在丹·特拉维夫饭店工党总部集会助选，我还有机会再睹这位拉宾将军的风采。从黄昏等到午夜，这位颇具传奇色彩的将军就是不肯露面。天快亮

　　1992 年 6 月 24 日，以色列大选初步揭晓，工党遥遥领先于利库德集团。工党领袖拉宾得知自己获胜后，在特拉维夫工党集会上向自己的支持者致意。

了，兴奋的工党党员还在等待大选的统计结果。直到有人宣布工党以 12 席之差击败对手利库德集团后，姗姗而来的拉宾才露了面。

我第一次在这么近的距离内端详拉宾这张比关公还红的大脸。还是"六日战争"中那种躬身向右前方微倾的习惯姿势，只是黄军裤换成一身剪裁合体的黑色暗条纹西装，给人一种羞羞答答的错觉，可一开口，浑厚吵哑的男低音立即将刚才的羞赧之气一扫而光，颤抖的语音浸透了工党饱尝15 年在野党的辛酸和大选胜利的激动。拉宾的讲话一再被震天的欢呼声和工党党歌打断，他一一感谢支持他的同事和选民，直到有人齐呼"佩雷斯"时，他才想起这位与他素有芥蒂而又风雨同舟的同事。

四天之后，拉宾在特拉维夫希尔顿饭店多功能厅正式庆祝工党获胜，还是那辆老掉牙的"沃尔沃"轿车，还是那身黑西服。这位由突击队员、野战排长升至以军总长、驻美大使及 1974 年～1977 年内阁总理的老者，终于重新回到权力的顶峰。面对记者围剿，这位鹤发童颜、下野 15 年之久的花甲老人侃侃而谈，一双深邃的蓝眼睛似乎永远带着一丝忧伤。

二

拉宾在《回忆录》中回忆自己的出生时说："有的婚姻是天造之合，我的父母就结合于圣城耶路撒冷。"拉宾的父亲鲁比佐夫生于乌克兰，俄国革命后只身逃往美国，毕业于芝

开罗一年一度的「十月战争」胜利纪念日

加哥大学。第一次世界大战爆发后，想当英雄的鲁比佐夫报名参军保卫耶路撒冷，由于平足被刷了下来。可固执的鲁比佐夫趁人不备将自己的姓改为拉宾，走向另一位矮个大头的体检官，竟奇迹般地混了过去。多年以后，成了以色列首任总理的本－古里安拍着拉宾的肩膀："小子！要不是我让你爹通过体检，你就不可能生在耶路撒冷啦。"

就这样，老拉宾进了英军第 38 营。可惜时运不济，等他的部队开到巴勒斯坦时，战争已近尾声。尽管一个敌人没见着，但毕竟朝天放了许多空枪。在镇压一场阿拉伯人骚乱之后，好歹也算参加了第一次世界大战。老拉宾没有白上战场，他俘获了惊人的"战利品"———一位楚楚动人、含情脉脉的犹太姑娘。她原是彼得堡一位颇有教养的富商，十月革命后来到巴勒斯坦。她先在加利利基布兹垦荒，天生丽质受不了斯巴达式的磨练，只好到耶路撒冷当了护士。那年阿拉伯人发动袭击犹太移民的骚乱，高大健壮的犹太军人老拉宾用胸脯护住了她。老拉宾发扬参军时的那股犟劲，趁热打铁与姑娘成婚。一年后的 1922 年 3 月 1 日，酷似其父的蓝眼珠的伊扎克·拉宾诞生于耶路撒冷。

拉宾的母亲是个天生的政治家，当老拉宾还是金属工会积极分子时，她已当选为特拉维夫市政委员了。小拉宾先后在幼儿园、工人子弟学校长大成人，15 岁考进了卡多里农技学校。课余，拉宾在加利利基布兹务农，白天种地，晚上在农场当警卫。从卡多里农校毕业时，拉宾由于成绩优异，得到英国 7.5 镑的"农具奖金"，可他根本没把钱用在农具上，至今还自称欠英国政府 7.5 镑。

像当时所有基布兹社员一样，拉宾对土地本能地眷恋，为垦荒他甚至放弃了去美国伯克利大学留学的机会。假如不是隆美尔打到埃及的阿拉曼，拉宾肯定在海法基布兹里当一辈子老农了。1941年，当一名神头鬼脸的大汉找到正在基布兹食堂喝汤的拉宾，问他是否愿意加入帕尔马奇（Palmach：希伯来语，意为突击队）时，拉宾对此还一无所知。

1941年5月的一个黄昏，拉宾和其他二十多个同样激动的小伙子开进了南黎巴嫩破坏电话线，这是他参加帕尔马奇的第一个战斗。

1943年，21岁的拉宾出任帕尔马奇排长，很快他的排成了帕尔马奇九个排中火力最猛的一个。一次演习之后，拉宾顺手牵羊将一枚未打响的迫击炮弹藏进背包，混上公共汽车运回海法，因为他的排只有迫击炮而没有炮弹。不料就在他为自己的所为洋洋得意时，一纸盗窃弹药的传票把他送上了军事法庭。原来他偷走的那枚哑弹，是当时全帕尔马奇的最后一发炮弹。

1947年联大通过巴以分治决议，可联结耶路撒冷－特拉维夫的公路一开始就被阿拉伯军队切成几段，耶路撒冷成了一块飞地。为了保障以色列与耶路撒冷的联系，以色列总理本－古里安命令26岁的帕尔马奇上校旅长拉宾打通这条70公里的生命线。脾气暴躁但却雷厉风行的拉宾立即以自己的方式工作，他不仅打通了纵穿"地狱之门"阿雅龙山谷的特拉维夫—耶路撒冷公路，还以暴力另开出一条"缅甸路"。

1991 年 1 月到 1993 年 9 月,我先后四次赶赴以色列采访,特拉维夫－耶路撒冷公路是我的必经之路。驾大吉普穿行于阿雅龙山谷之间,当年拉宾亲手改装的装甲汽车还扔在路边,被火箭榴弹击中的弹洞张着血盆大口,被后人涂上暗红色防锈漆,提醒人们牢记前辈付出的鲜血代价。

三

帕尔马奇队员拉宾在婚恋问题上一扫穷追猛打的职业雄风,更没有他老爹趁热打铁的魄力。

1944 年,22 岁的拉宾与亭亭玉立的丽哈邂逅于阳光明媚的特拉维夫街头。双方只是相互一瞥,就把一切全说明白了,其后是默默相向而立,深情凝视,丽哈一对明眸当即泪花滚滚。拉宾忙从军裤口袋中掏出皱巴巴、满是汗味烟末的大手绢递过去,可丽哈收下了手绢却没擦泪水。次日清晨,丽哈把洗得干净无比、洒了香水并绣了一颗心的手绢还给拉宾,拉宾当即心慌意乱,迈开军靴跨上一步,展开猿臂把丽哈抱了起来。

可战场上雷厉风行的拉宾并不愿立即明确两人的关系,在长达四年的恋情中若即若离,不时玩弄“敌进我退”、打了就跑的帕尔马奇战术。其实,拉宾始终狂恋着丽哈,只是身为一名帕尔马奇军官,死神的黑翼一直笼罩在头顶,拉宾不愿承担自己无法承担的责任。在现代军队中,帕尔马奇军官死亡率历来居世界第一,我在以色列看过一部描写“六日战争”的纪实片,片名为《跟我来》(Follow Me),整部影片全是战地记者火线实拍的,影片字幕上圈了十几个黑框,因为这些记者早已笑卧沙场。影片中有达扬、沙隆、拉宾等人的实战镜头,战斗中的帕尔马奇军官从不说:"给我冲!"而是一马当先说:"跟我来!"拉宾深知自己职业生涯的危险性,他不愿让漂亮纯洁的丽哈把青春耽误在一个低级军官身上。

睿智的丽哈却偏要把一生赌在这个脏兮兮、穿军靴的傻小子身上,她先报名参加陆军,以后干脆也加入帕尔马奇,并巧弄手段设法编进了拉宾那个营,把自己完整地交给副营长拉宾指挥,继而几个冲锋把拉宾原本脆弱的防线打得千疮百孔。拉宾受伤后,丽哈寸步不离,百般柔情,终于彻底摧毁了拉宾的最后防线,开始筹划在战争间隙给长达四年多的恋情画上句号。

婚礼之后,拉宾全力投入独立战争(第一次中东战争),他率领部队于 1948 年 10 月 15 日诱使加沙 - 内格夫的埃及军队开枪,借此越过边境直捣北西奈首府阿里什,连以色列空军也没想到拉宾的部队如此迅速地插入敌后,以至错误地朝拉宾的部队发起攻击。拉宾部队的突进再次引来本 - 古里安总理的指责,可他的渗透给和谈争得了有利条件,他本人也由于亲临一线、了解战局而成了以色列和谈代表团的成员。

四

和谈是件令拉宾头疼的事,首先他除了军装连件像样的衣服都没有。接下来的难题是长这么大从未打过领带，任司机反复教了多少遍，他也无法把那件"工艺品"系到脖子上。绝望的司机只好将领带打一个活扣，套在拉宾脖子上再轻轻拉紧。幸好拉宾对这种"一拉得"的绝招一练就会。

　　住进罗得岛玫瑰饭店后，宁静的和平气氛使听惯了枪炮声的拉宾睡不着觉。长夜难眠，多年野战生活造成的营养不良使他饥肠如鼓。会议之余，他找来侍者请教希腊语"还要"怎么说，侍者告诉他是"Encore"。他于是坐在房中苦练了一刻钟。晚餐时，拉宾一眨眼就吞下了一盘肥牛排，随即指着空盘子说"Encore"，继而又得到一盘。那天晚餐拉宾至少重复了三遍"Encore"，才心满意足地走过瞠目结舌的侍者，缓步离去。

以色列女兵

加沙归还前的以色列警察

15个月的独立战争结束后，本－古里安总理开始改组陆军，帕尔马奇军官以集体辞职反对削弱他们的地位，拉宾自恃与本－古里安关系特殊，到本－古里安家中为帕尔马奇请愿，并不顾取缔聚会的命令，因而被记大过一次，还丢了旅长职务。丢了官的拉宾像抽筋似的抬不起头来，可还恋恋不舍地赖在军中不走。好在总参训练部珍视拉宾的才干，力排众议任命他主管"营长训练班"。他以加倍努力报答朋友的知遇之恩，培养出许多亡命徒式的火线军官，其中最有名的是阿里尔·沙隆。

拉宾的勇敢忠诚和讲义气给他惹了麻烦,可这无法抵消其超人的军事天才,拉宾的实战经验和个人魅力有目共睹。1950年,28岁的拉宾升任总参作战部长。他在英国坎伯莱皇家参谋学院进修一年后归国,亲手编写教材筹建以色列指挥学院,继而赴美考察,确立"培养伞兵素质的步兵、突击队员型的坦克手"的建军方略。1956年,拉宾晋升为少将,任北方军区司令,不久又被哈佛大学管理系录取。他动用军队成功地将冰天雪地中10余万新移民妥善安置,深得民心。1964年1月,42岁的拉宾出任以军总参谋长,他从一名帕尔马奇队员爬至以军最高长官仅用了23年。

这期间,拉宾与和他年龄相仿、资历相近的国防部副部长佩雷斯屡屡意见相左。佩雷斯温文尔雅,主张依靠欧洲发展以色列国防;而身怀奇才又咄咄逼人的拉宾以切身经验和一帮职业军人为后盾,倾心美国。两个各怀大志的才子不时在各种问题上发生龃龉,但这丝毫不影响两人为国尽忠的合作。

1967年6月5日凌晨,拉宾任总长的以军先发制人,倾巢出动全部200架飞机中的198架,一举摧毁埃及空军,几小时后,又将叙利亚、约旦、伊拉克等阿拉伯国家的空军彻底歼灭。拥有绝对制空权的以军装甲部队向西奈半岛穿插,不费一枪一弹拿下沙姆沙伊赫,控制了蒂朗海峡。我曾先后14次赴沙姆沙伊赫采访,当年以军紧扼蒂朗海峡的工事已移交戴玫瑰红贝雷帽的多国部队观察员(MFO)。当初拉宾这一举使约旦、加沙地带、埃及、沙特失去了亚喀巴

耶路撒冷哭墙下,两名阿拉伯妇女与两名犹太男人擦肩而过,这里是他们共同的圣地。

湾的出海口。拉宾的军队随之占领整个耶路撒冷,进抵苏伊士运河,攻占戈兰高地和约旦河西岸。以色列军队仅用六天就大获全胜,占领了相当于本土三倍多的阿拉伯邻国领土。身为以军总长的拉宾被以色列人视为"六日战争"中的头号英雄。

四年总长任期将满,从不满足的拉宾找到以色列总理,一句话差点把这位总理从安乐椅里震出来:"我想当大使,以色列驻美国大使!"

五

几乎所有内阁成员都不希望锋芒毕露的拉宾出任驻美

大使,但执拗的拉宾得到他那位德高望重的"大姊"——工党总书记梅厄夫人的全力支持。

1968年2月,脱下咔叽军装的拉宾走马上任。当时美国正陷入越战困境,好奇的美国人都想一睹这位用六天打败所有邻国的弹丸小国的三军总长,连罗伯特·肯尼迪也请求与拉宾合影。

尼克松未当美国总统前就是拉宾的好朋友,他身边的基辛格和布热津斯基是当时世界上最出风头的犹太人,而那位一直庇护拉宾、除了以色列什么也不在乎的梅厄夫人此时稳稳地坐在以色列总理的位子上。

拉宾的大使生涯并非一开始就得心应手。尼克松在白宫举办晚宴,拉宾不知道请柬上的"白领带"(white tie)"是什么东西,更弄不懂是必须佩带还是严格禁止。好在他不耻下问,才在一个饭店老板那儿弄到一套硬衬条纹裤、黑燕尾服的"白领带",像个"摩登时代"的机器人,呆头呆脑地进了白宫。

拉宾在大使官邸宴请美国官员,佳肴美酒之后,他兴冲冲取出卡斯特罗送的哈瓦那雪茄请客人品尝,不料原本笑逐颜开的来宾一时像见了毒蛇猛兽,望烟而逃,只有拉宾自己一脸憨笑地独自享受卡斯特罗的礼物。原来美国当时正对古巴实行经济制裁,而拉宾却在美国政府官员眼皮底下以实际行动反对美国政府的政策。

几天以后,拉宾才弄明白自己的失礼。他在宴请五角大楼将军们时诚恳地为自己以违禁品待客表示歉意,不料这帮将军们对哈瓦那雪茄这种"违禁品"神往已久。结果所有将军都凑到拉宾周围,醉人的古巴雪茄的芬芳弥漫于室。

在外交场合折冲樽俎之余,拉宾还不遗余力地从各个方面、用各种方式捍卫以色列国家利益,有时甚至有失外交官的风度。当美国根据联合国 242 号决议要求以色列撤出"六日战争"侵占的领土时,拉宾竟敢指着基辛格的鼻子大吼:"我告诉你! 你们正在铸成大错! 我将在美国法律允许范围内反对你们!"其后在公共场合,他还指着美国国务卿罗杰斯抨击了 40 分钟。拉宾此举在华盛顿外交界得了个"闯进瓷器店的公牛"的诨名。

拉宾并非永远这样鲁莽,在尼克松的椭圆形办公室,拉宾则换上另一副面孔,哀求尼克松:"总统先生,我再次诚恳地呼吁,作为惟一信任、同情、理解以色列的您,给我们急需的武器吧!"在尼克松的默许下,以色列使用美国支援的 F-4 鬼怪式战斗机飞越运河,轰炸了埃及腹地。

拉宾还巧妙争取到美国犹太人社团的大力支持,进而对美国政策施加影响,《华盛顿邮报》攻击他通过犹太人插手美国内政。

在华盛顿,拉宾作为"六日战争"的英雄四处作巡回报告,五角大楼的将军们则像初中生似的坐在台下记笔记。对美国军方的各种要求,拉宾从不拒绝,他希望扩大自己的影响。当美国国会拒绝海军建造航空母舰的预算案时,五角大楼把拉宾请进了国会。拉宾作为惟一亲手使用过所有苏美双方先进武器的常胜将军,竟娓娓动听地说服了国会追加拨款,为第六舰队再造了一艘航空母舰。拉宾丰富的战场经验、直率的性烙和传奇般的经历很讨美国人喜欢。

1993年9月21日,以色列议会正式就加沙、杰里科自治协议展开辩论。总理拉宾与外长佩雷斯(拉宾身后)在议会中同反对派展开辩论。

五角大楼甚至邀请拉宾参观战略空军司令部的地下指挥所、核潜艇基地和其他绝密设施。

在拉宾担任驻美大使的两年里,成批的军火运往以色列,拉宾终于实现了多年前以美式装备武装以军的梦想。此外,在华盛顿结交的朋友使美国舆论日益亲以。当拉宾行将卸任回国时,尼克松笑着问来访的梅厄夫人,拉宾回国后会得到什么职位,梅厄夫人说:"那得看他自己的表现。"尼克松当即仰天大笑:"如果你们不想要他,把他留给我,我想用他!"

六

1973 年 3 月 11 日，兴冲冲的拉宾返回以色列。梅厄夫人曾数次许诺他当部长，可此时得到的仅是"先休息一段"的托辞。拉宾凭借昔日战功和外交上的成就，开始为工党拉选票而奔走。半年多的犬马之劳感动了工党元老，他们悲天悯人地把拉宾的名字排在工党候选人名单的最后一名上，这让为工党卖命 30 年的拉宾伤心不已。

上苍有眼，1973 年 10 月 6 日突然爆发的"十月战争"一夜之间把以色列推入混乱之中。相互揭短、指责、拆台把工党弄得一团糟，感情用事的梅厄夫人倚重佩雷斯、达扬，

1993 年 9 月 13 日以色列群众聚集在耶路撒冷市区欢庆协议签字，直到深夜。

化装成巴勒斯坦人的犹太人在拉宾总理府门口高举石头和短刀。

引起民众的普遍不满。这位 76 岁高龄的老太太最终不得不以辞职来结束自己的政治生涯。

佩雷斯首先站出来竞争总理职务,他早在本－古里安时代就是国防部副部长,资历深厚。可拉宾看不起这个文质彬彬的文官,拉宾自身的地位是靠真枪实弹打出来的,而此时的工党正需要拉宾这位与党内瓜葛不深、出身名门而又喜欢讲真话的常胜将军。结果拉宾以 295 对 254 的多数票击败佩雷斯,出任以色列政府总理,时年52岁。

拉宾是以色列建国以来第一位土生土长的总理,在此之前,历届总理全是苏联东欧移民。生在耶路撒冷的拉宾一改他以前历届总理的形象,摆出鲜明的亲美姿态。可拉宾刚上台,美国历史上最亲以的总统就因水门事件成了美国历史上第一位被弹劾下台的总统。好在福特继承了尼克松的中东政策,拉宾被当做福特总统的客人访问白宫。

1974年9月10日,拉宾首次以总理身份访美,盛大国宴之后,响起悠扬的舞曲。顿时,全场目光都集中到福特、拉宾夫妇身上。精于此道的福特欣然而起,以骑士风度揽住拉宾夫人翩翩起舞。贵宾们随之以鼓励的目光期待拉宾与福特夫人共舞,可拉宾根本不会跳舞。他装模作样地谈笑风生,拖延时间,盼望能有仰慕第一夫人风采的"猛男"挺身而出,代他完成这一无比艰巨的任务,可如此不懂外交礼仪的冒失鬼就是没有。无计可施的拉宾只好壮着胆子走向满面春风、翘首以待的福特夫人,他一脸尴尬:"对不起,夫人,我不会,一步也不会,我不想踩伤你的脚趾。"他原以为会得到宽恕,不料福特夫人明媚地一笑:"别怕,总理先生!我年轻时总教人跳舞,比您再笨的家伙也伤不了我。Come Along(来吧)!"

拉宾梦游般地被福特夫人牵进了舞池,身不由己地扭着笨重的身躯,紧盯着自己不听指挥的双脚。福特夫人一面引导着茫然不知所措的拉宾,一面敏捷地躲闪那双穿惯了军靴的大脚的袭击。乐队无休止地奏着舞曲,拉宾大汗淋漓,机器人般地摇来晃去,双眼露出乞求的目光。站在圈外同样不擅此道的基辛格兔死狐悲地读懂了拉宾的眼神，借口有要事，才把千恩万谢的拉宾救出圈外。多年后拉宾还对这次当众出丑心有余悸。他说，即使基辛格从未帮过以色列，但仅凭这次救他出苦海的义举，也值得感激一生。

七

基辛格不仅帮拉宾摆脱舞会，还硬逼着他与埃及总统萨达特和谈。1975年6月，以色列与埃及达成协议，因"六日战争"封闭了8年之久的苏伊士运河恢复通航。以后，拉宾出访摩洛哥，托国王哈桑二世向萨达特转达愿意会晤的信息。拉宾还授意摩萨德查明卡扎菲在撒哈拉沙漠中的敢死队训练营，协助埃及突击队摧毁了企图在"七·二六"革命节行刺萨达特的阴谋。

在积极与埃及谋求和解之余，拉宾内阁对一切危及以色列利益的恐怖活动决不手软。1976年6月，巴勒斯坦"人阵"将法航139班机劫往乌干达，机上254名乘客中83名是以色列人。当时各国通行的做法是屈服于恐怖分子压力，可以色列强硬的做法改变了以往的惯例。

拉宾亲自领导由他和国防部长佩雷斯、外长阿隆等人组成的应急指挥部，授权国防军制定强硬的"大力神"计划，准备从4000公里之外的乌干达夺回人质。

在比尔谢巴空军基地，39岁的伞兵司令肖姆龙准将装模作样地在婚宴上暴饮。国防部长佩雷斯在与来访的布热津斯基共进晚餐时，对他的同乡用波兰语热情长谈。在这些公开曝光之后,精神抖擞的肖姆龙立即潜回蒂朗海峡的沙姆沙伊赫空军基地。在那里,两架波音 707 和四架 C—130"大力神"已为夺回人质进行了上百次模拟演习。

7 月 3 日 15 时 10 分,拉宾在内阁郑重宣布,解救人质的部队已在 20 分钟前出发,若内阁反对,他将下令召回已经踏上征程的部队。

飞往 4000 公里外的乌干达执行任务的总指挥佩莱德空军司令是熟练掌握 C—130"大力神"驾驶特性的空军专家。地面分队指挥官乔·内塔尼亚胡中校是以色列现任总理内塔尼亚胡的兄弟,他的神枪手全化装成黑人。为了出奇制胜,内塔尼亚胡专门挑选了一名长得酷似乌干达总统阿明的家伙,准备与劫机的恐怖分子"谈判"。以色列空军的 F—4E"鬼怪"战斗机在红海上空为这六架远征的飞机护航。

经过七个多小时的长途飞行,袭击部队飞抵乌干达恩德培机场上空。一名伦敦口音的突击队员尖着嗓子向地面塔台请求允许"英国民航"迫降。为了控制"大力神"着陆时的轰鸣,以军飞行员没有改变螺旋桨桨距便着陆滑跑。身先士卒的哈佛毕业生内塔尼亚胡中校带着他的九名"黑人"部下乘奔驰轿车从"大力神"的机腹内冲出,莫名其妙的乌干达士兵在向奔驰轿车行礼之际已被迎面而来的无声手枪打翻在地。

内塔尼亚胡和他的部下一面用雪花膏擦去脸上的黑墨,一面用希伯来语高喊着"卧倒",冲进关押人质的候机楼。45 秒之后,以军全歼了劫机犯,取了指纹,并将所有人质护送上马达轰鸣的"大力神"。

与此同时,其余突击队员已将停机坪上的乌干达米格战斗机一一炸毁,还顺手收拾了机场塔台和雷达站。另一组突击队用吉普车上的 106 毫米无后坐力炮的"龙"式导弹"修理了"从坎帕拉方向赶来增援的乌干达陆军。提供空中警戒的两架波音 707 则按计划在空中巡航。

当人们欢迎凯旋的突击队员把所有人质救回以色列时,拉宾正在西奈半岛最南端的沙姆沙伊赫仰望晴空,作为将军出身的总理,他为他部下的战绩泪流满面。内塔尼亚胡中校在行动中阵亡。海明威曾言:"战争中总有堕落的

戒严中的加沙

人,可还有哈佛毕业生。"

拉宾还来不及为自己的杰作得意,因通货膨胀引起的民愤以及接连不断的打击使拉宾政府雪上加霜。先是拉宾内阁在安息日为首批飞抵以色列的 F—15 战斗机举行欢迎仪式违反了"摩西圣训",议会为此对拉宾政府投了不信任票;继而是政府阁员的一系列贪污案在报上曝光;最后是拉宾自己在美国银行中的 2000 美元存款被《国土报》揭了出来。在以色列,作为一名政府总理在国外拥有私人存款是违法和极不道德的事。拉宾夫人因此被起诉,在众目睽睽之下,拉宾以一个热吻将患难与共的夫人送进法庭,接受2.4 万美元的罚款。此后不久,拉宾代表执政 29 年的工党,把权力移交给贝京,从容下野。

八

1992 年夏,我亲眼目睹拉宾大选获胜、再度辉煌的全过程。在沉寂了 15 年之后,他梅开二度,重新登上总理宝座。拉宾深知工党之所以获胜是由于国民渴望和平,以及国际和平力量施加的压力。拉宾自兼国防部长,任命自己多年的伙伴和对手佩雷斯任外长。拉宾动情地宣称:"人们的成功源于他们的梦想。"他一上台就冻结了被占领土上100 多个犹太人定居点,吸收巴勒斯坦人进入内阁,邀请约旦国王、叙利亚总统等阿拉伯国家首脑访问以色列。

1992 年 7 月 21 日,组阁仅仅 10 天的拉宾就亲自飞抵开罗,对埃及进行正式访问。作为穆巴拉克总统摄影师,我

1992 年拉宾当选总理后，第一个访问的国家是埃及。

有幸进入机场拍摄盛大的欢迎仪式，眼看着拉宾缓步踏着猩红色地毯神态凝重地检阅埃及仪仗队。其后，我蹿上大吉普紧随着国宾车队赶赴 20 公里外的开罗库巴宫总统府，数百名记者拥在这里采访中东和平进程。在大庭广众之下，穆巴拉克与拉宾的四只大手紧握在一起。这两位缔结和平的政治家曾是战场上的对手，拉宾曾任以色列总长；穆巴拉克曾任埃及空军司令。他们的军旅生涯和层层晋升都是在以对方为死敌的搏斗中完成的，而今两位劲敌绅士般握手言和。

当我大汗淋漓地钻出人群,才发现《时代》周刊的断腿巴利正痛苦地匍匐在地,相机和铝梯扔在一边。原来这老兄高烧39℃,可又不愿错过千载难逢的拉宾来访,终因体力不支摔倒在地。听到他的呼救,我忙把他连同一大堆器材扛上吉普,一直将他送到他太太手中才返回办公室发稿。一周后,我在《时代》周刊上看到巴利的病中之作,我的照片也被《人民日报》、《中国日报》等采用。

1993年4月14日拉宾二访埃及,我驱车赶往位于伊斯梅利亚的总统别墅时,拉宾的UH—60黑鹰直升机正缓缓降落。在苏伊士运河管理局面向大苦湖的露天会场,穆巴拉克与拉宾并肩宣布将坚定不移地加速中东"实现和平"。1993年10月6日,拉宾三访埃及;同年12月12日,拉宾四访埃及,我都受命为拉宾拍照。

1993年9月,我第四次前往以色列,采访当时尚属子虚乌有的巴以秘密和谈。由于风传拉宾、佩雷斯与巴解组织秘密谈判,加沙、杰里科行将自治而引起全国的震惊。拉宾的支持者和反对者全上了街,在总理府前的小山上扎了营,全副武装的军警不得不设立路障以保障交通畅通。好在以色列人法制观念极强,尽管示威者也与军警发生冲突、砸路障、烧旗帜,但总的来说还算温和。在总理府门前,数百名记者争抢进入总理府的名额,因报道艾滋病而获大奖的瑞宁格摇晃着总理府大门:"我是犹太人,我的祖国为什么不让我进!"骚乱的示威者忽然扔出一个冒着烟的圆柱体,吓得我紧跟着军警趴在地上,原来是一颗烟幕弹,一个

行，上写：「圣地是永远不卖的。」

极端的犹太人手举标语牌游

　　耶路撒冷的极端犹太人在拉宾总理府门口游行，反对巴以协议签订。由此可知，拉宾后来被刺身亡事件是有其社会基础的。

大个子警察用一罐可口可乐浇灭了它。

在耶路撒冷以色列议会,反对加沙、杰里科自治的议员激烈抨击政府的外交政策。沙米尔坐在议席上一语不发,阿里尔·沙隆火车头般地喘着粗气。一位坐在我左侧的亚洲女孩忽然用中文同我打招呼,自称是台湾《中国时报》的特派记者,掏出一张德文名片,竟是大名鼎鼎的龙应台。龙应台和我都被以色列议会的大辩论弄得不知所措,眼看着拉宾一再看手表,可就是连说话的机会都没有。

九

1992年9月,中国外长钱其琛作为首位访以的中国高级官员前往耶路撒冷,我由于被列为钱外长的私人摄影师而在星夜从开罗赶赴以色列。途中,回想当年单枪匹马去以色列采访战争时的孤独和不久前中以建交后两国关系的飞速发展,我不禁为自己能有幸亲历这一伟大进程而得意洋洋。

在以色列外交部,一帮人围着为钱外长准备的礼宾车忙来忙去。一位司机仔细研究大奔驰旗杆上的五星红旗图案与苏联红旗的区别。拉宾总理府的一名司机则对中国外交艺术赞不绝口,说中国派来了一位犹太人外交部长,无疑会给以中两国关系打开新局面。他的话听得我直翻白眼,因为我这个随团摄影师还是头一次听到有人竟把我们的外长说成是犹太人。大惑不解的我忙上前请教他怎么知道中国外长是犹太人,这老兄竟摆出十足的学者架子,在我右掌

世界新闻摄影大赛金牌得主瑞宁格被拒于拉宾总理府外

心用英文字母拼出"钱其琛"三字后说道："嘿！老兄！Cohen、雅可夫、伊扎克全是犹太人的名字呀！"想不到这位好钻研学问的犹太司机竟把钱其琛的琛（chen）中间多加了一个 O，成了犹太人的姓名"Cohen"。

拉宾在特拉维夫国防部会见钱外长时，我和中央电视台记者都被拦在门外，气得我哇呀暴叫。经与拉宾的新闻秘书交涉，以方才同意我们进入会场，拍下珍贵的历史镜头。我深感军人出身的拉宾尽管严厉，但却通情达理。

1993 年 9 月底，中国驻以色列使馆在特拉维夫举行国庆招待会，大使林真让我给相机充足电，据说拉宾将参加中国国庆，可我始终将信将疑。几年来我到过埃及、约旦、伊拉克、黎巴嫩……参加过多次国庆招待会，可还从未见过哪国总理亲自来使馆祝贺中国国庆。

黄昏，我懒洋洋地帮厨师小李在使馆草坪上挂国旗，突然来了两名以色列便衣，彬彬有礼地沿着半人高的围墙转了一圈便悄然离去，可使馆外连一个岗哨也没加。招待会开始后，我逐一为与大使握手祝贺的来宾拍纪念照。就在我的闪光灯需要更换电池时，我突然发现当天下午来过的两名便衣，正静静地排在鱼贯而入的队尾，站在他们之间的，竟是以色列总理拉宾。

我忙不迭地奔过去、手忙脚乱地给相机换上新电池。近在咫尺的拉宾身着暗蓝西装、白衬衣，打着蓝领带，双手在腹部交叉，身体习惯地向右前倾，谦逊有礼地排在来宾的队尾。

林大使与拉宾并肩沿花园小径缓步而入，我抢到他们前面，透过取景器全神贯注于拉宾的一举一动。正当我心满意足地在拉宾眼前倒行时，一盏草坪地灯绊住了我。我只感到原本肌肉萎缩的右腿一下子失去控制，我和我脖子上的相机一齐失去平衡地仰面向后倒去。

就在我即将倒地的一刹那，拉宾身后貌不惊人的便衣像一束紧绷的弹簧扑向我，抓住我摄影背心的前襟，将我拎了起来。整个过程全是瞬间完成的，以至我现在根本无法回忆当时的感觉。惊魂未定的我忙不迭地向拉宾的便衣说"图达拉巴（希伯来语：衷心感谢）"，而处变不惊的拉宾却咧开大嘴用英语告诉林大使："我的保镖总是这样保护那些为我拍照而摔倒的人。"难怪他对我刚才的窘态习以为常。

也许是为我压惊，拉宾把为他准备的一份石斑鱼让给一九五六年第二次中东战争中，以色列攻下位于苏伊士湾和亚喀巴湾汇入红海的顶点——沙姆沙伊赫，从此战火不断。而今，沙姆沙伊赫海滩阿拉伯长袍妇女与犹太妇女并卧于此，共享同一轮太阳，同一片海水。

了我,而执行任务时连一滴水也不喝的便衣则将他的石斑鱼给了新华社驻以色列首席记者怀成波。还了阳的我又来了劲:"我是拉宾,他们是我保镖!"

在行将为我冗长的文章结尾之际,拉宾、佩雷斯和阿拉法特共同获得'94 诺贝尔和平奖。而他们三位都接受过我采访。拉宾获奖之后说,他获得的和平奖属于全体以色列人民,并宣布将奖金捐献给那些献身于和平事业的人们,就像《圣经》中的骑士圣乔治。

后记

1995 年 11 月 5 日,我正和一帮狐朋狗友围着火锅涮羊肉,腰间的 BP 机突然狂叫不止,低头细看,一行蝇头小字说:"快听广播,你的拉宾被刺。"一时间仿佛五雷轰顶,我手忙脚乱地摸出口袋中的松下 RF—10 短波收音机,慌乱中踢翻板凳险些烫着一位如花似玉的小姐。

情报是千真万确的。11 月 4 日是犹太安息日,特拉维夫 10 万人在国王广场举行"要和平不要暴力"集会。19 点 50 分,拉宾结束讲演走向停车场时,一个名叫阿米尔的 25 岁犹太大学生,用一支 9 毫米帕雷特手枪,在拉宾背后连发四弹。其中三枪命中拉宾,分别射入脊椎、脾脏和肺部,19 分钟后抢救无效,拉宾死于伊奇洛夫医院。

悲痛后的我像听到枪响的士兵,《中国青年报》值班的副总编陈泉涌打电话让我写一篇拉宾的文章并问我能写多少。我问他能给我多大版面,他说一个版。《世界博览》任主编闻讯连夜赶回办公室帮我找来我拍的拉宾照片。11

月 6 日拉宾下葬的同天,《中国青年报》用了一整版图文并茂地悼念拉宾。惟一遗憾的是没用我的标题"铸剑为犁"。

　　一星期前,我在中国新闻学院讲课时,有个学生问拉宾是否是和平卫士。我说我不同意,我认识的拉宾是位国家利益第一的公务员,是位民主国家的民选总理。他所做的一切是为犹太选民服务,为犹太国家服务,为全体纳税人服务,至于和平还是战争都仅是现象而非本质。基辛格在悼念拉宾时甚至提到拉宾"是勉强进入了和平进程"。拉宾从军 27 年身经百战,打败周边阿拉伯国家占领耶路撒冷,直到 1990 年还命令部队开枪打断巴勒斯坦示威者的双腿。以色列的和平是通过 1979 年的埃以和约、1994 年的约以全面和约完成的。拉宾令我尊敬的不是和平也不是战争,而是忠于国家、忠于选民利益和勇敢真诚的职业道德。

　　我多次目睹拉宾会晤穆巴拉克时的情景,这是大国政治家间才有的场面,而以色列乃弹丸小国,不得不艰辛地在大国间折冲樽俎。拉宾遇刺前还不忘为约旦国王侯赛因生日写亲笔信,可他对巴勒斯坦仅仅是具有某种国家地位的自治。阿拉法特对拉宾夫人称赞拉宾"是一位和平英雄,也是我的朋友"时,拉宾夫人说:"我丈夫把你看做他的和平伙伴。"伙伴不同于朋友。

　　以色列有一流的 IDF 国防军、一流的情报部摩萨德、一流的秘密警察辛拜特、一流的乌兹枪和凯福拉防弹背心。在特拉维夫当我为拉宾拍照摔倒时,站在他身后一米的保镖一跃而起,在我倒地前的一刹那将我拎起来,足见镖技超群。可他们保护不了拉宾,因为拉宾生活在自己的选民里。

一个身着防弹衣被保镖保护起来的人，在有两百个政党的以色列不可能当选任何公职，更何况是总理，这一点只有亲历以色列生活的人才能深刻体会。看到国内一家报刊把拉宾遇刺归罪于警方情报不力、保密不完善、保安人员大意和拉宾与警方相互配合不力，我很不以为然。一位美国记者曾问拉宾夫人为什么不给拉宾穿防弹背心，夫人反问："你疯了吗？我们又不是在非洲。"的确，以色列人决不会承认一位被保镖铁甲包裹起来的懦夫当总理。在毕生为国家利益服务、身经百战的拉宾看来，穿防弹衣是一种污辱。出埃及的摩西并没能活着到达迦南，但他的目标已经显现，拉宾也是如此。

梦系魂牵阿拉曼

　　我在不断的梦想中生活,1983年从北大毕业时,我慷慨激昂地找到"万岁军"坦克6师申请参军,自诩是最好的坦克师长。弄得这支王牌部队的首长眼光异样地打量我好久,给了我两个包子、一碗鸡蛋汤,礼貌而坚决地把我送出了军营。当时我22岁,对第二次世界大战着了迷,把自己当成了"沙漠之狐"隆美尔。

　　丘吉尔说:"阿拉曼战役前我们不知胜利为何物;阿拉曼战役后我们从未败北。"一直到海湾战争结束,我从巴格达转赴开罗任新华社中东分社摄影记者,才有幸拜谒我梦系魂牵的阿拉曼战场。1991年12月,当我兴冲冲驾大吉普闯入阿拉曼东北著名的白沙滩时,一名穿沙漠野战服的埃及中士气喘如牛地跑过来拦住我。从他半英语半阿语的比划中,我终于明白我已闯入二战德军著名的"魔鬼花园",当年隆美尔军团在此埋下44.5万颗反坦克地雷。数十年来不断随沙漠滚动的反坦克地雷,随时可能把我这个解放军装甲兵学院的荣誉上校连人带车炸飞到空中。

阿拉曼战役

从开罗驾车穿过费萨尔路向西,至金字塔东两公里处转向西北,再沿沙漠公路狂奔220公里,就是被称为"地中海新娘"的千年古港亚历山大,世界七大奇迹之一的古灯塔遗址和庞培柱全在这里。出亚历山大沿海滨公路继续向西113公里,沙漠小镇阿拉曼(El Alamein)就突然从蒸气腾腾的沙漠中跳了出来。50年前的这个季节,空前绝后的沙漠坦克军团曾在这里决一雌雄。

1922年墨索里尼上台,自比恺撒,扬言重建罗马帝国。他先以武力控制阿比西尼亚,使海尔·塞拉西皇帝流亡英国;继而觊觎多瑙河流域、巴尔干和北非。1937年11月,意大利加入《反共产国际协定》,法西斯东京—柏林—罗马轴心正式形成。

第二次世界大战爆发后,墨索里尼匆忙宣战,意军从利比亚进攻埃及,但不久即被英军击败。墨索里尼私下对女婿齐亚诺伯爵表示:"应该把任务交给那些以战功求晋升的人,而现在司令官惟一关心的是如何保住元帅位子。"为了扭转败局,他向希特勒求援,希特勒一眼选中年轻的坦克将军埃尔温·隆美尔:"隆美尔知道如何激励部下,他是惟一可以在北非艰苦气候下打胜仗的人。"

1941年2月14日,隆美尔人数可怜但富于献身精神的专业坦克部队在的黎波里登陆。他用木头、纸板和沃尔克牌卡车连夜改装了数百辆假坦克,在沙地上拖着树枝荡起征尘。隆美尔的兵力与英军相差悬殊,可他的每句话都板上钉钉:"如果给养和制空权没有问题,我将拿下昔兰尼加,控制苏伊士运河。"这意味着他将在敌强我弱的大沙漠中直线推进2896公里。隆美尔的计划遭到上下一致反对,可他固执己见:"我将冒险违背一切命令,历史会证明我正确。"

1941年4月3日,在他的前任一再退守的阵地上,隆美尔开始反攻,他笔直地站在车顶,冲在坦克部队的最前面。沙漠高温使坦克机油变稀,通讯设备失灵,他乘一架"鹳"式飞机,飞在先头部队的头顶,给迷失方向的部队引路。一支摩托化步兵企图在沙地上偷懒时,隆美尔咆哮着从他们肩头掠过,接着扔下一纸卡片:"如不立即行动,我就在你们身上着陆! ——隆美尔。"当第21装甲师被困地雷阵时,隆美尔的指挥车冲到了前面。他不顾横飞的弹片,若无其事地跳下指挥车,跪在沙地上小心翼翼地排雷,他的参谋们紧跟其后效仿他,这使第21装甲师仅用10分钟就冲出了雷区。隆美尔与士兵吃一样的配发食品,喝沙漠中的苦水,亲自给阵亡的战士遗孀写信,用夸张的乐观情绪感染情绪低落的伤员。这位古怪而富于传奇色彩的"士兵将军"只用两个月就推进了2000多公里,打进埃及。

第二次世界大战全面爆发后,德军在斯大林格勒—库尔斯克受挫,日军在中途岛、珊瑚海、瓜达尔卡纳尔失利。1942年,英国把伊丽莎白公主(今女王)和其未婚夫菲利浦·蒙巴顿派到马耳他建立海军基地,切断了隆美尔的海上补给线。1992 年夏，我赴利比亚采访卡扎菲途经马耳他，正值英女王在此参战 50 周年纪念日，这才知道伊丽莎白女王与菲利浦亲王的世纪之爱竟是在与隆美尔的作战中孕育的。

　　1942 年 6 月 22 日，年仅 50 岁的隆美尔晋升为德国最年轻的陆军元帅，两天后，他兵临阿拉曼。为了顶住隆美尔继续东进，威胁苏伊士运河，丘吉尔倾全英联邦国力于阿拉曼，围剿隆美尔的北非军团，英军统帅蒙哥马利受命统帅 16 个英联邦国家的军队在阿拉曼与隆美尔决战。1942 年 10 月 23 日 21 时，蒙哥马利的数千门大炮齐声轰击，兵强马壮的盟军在月光下发起总攻，对失去制空权又弹尽粮绝的隆美尔军团开始合围。可隆美尔这只狡猾的"沙漠之狐"轻巧地一跃就跳出了包围圈，魔术般西撤了 2000 多公里，穿越利比亚，在突尼斯大败立足未稳的美国第二集团军，这就是电影《巴顿将军》开始时那尸横遍野的一幕，艾森豪威尔不得不让巴顿重建美第二集团军。可当巴顿气势汹汹找到隆美尔拼命时，隆美尔已把他精锐的"北非军团"撤出了非洲。

隆美尔其人

　　丘吉尔在回忆录中写道："提到隆美尔时我总说好话。"他在英国下院赞扬敌人隆美尔"是非常有魄力、有才干、卓越的将才"。隆美尔 1891 年生于海登海姆一个中学校长之家，18 岁进第 124 符腾堡步兵团，后入但泽皇家军校，以

"热情、坚强、守时、自觉、智力超人、高度责任感"的评语记入毕业档案。

第一次世界大战中,隆美尔三次负伤,获蓝徽勋章和铁十字勋章,伊松索会战期间他孤军楔入敌后,以一名军官、13名士兵的代价俘虏意军8000多人。当时他就以虚张声势、偷袭和迅速跟踪战术以弱克强,并疯狂地追逐荣誉,多次与战友反目成仇。

第一次世界大战结束后,隆美尔到斯登卡德当连长,他对重机枪、内燃机、摩托车制造、造船、拉小提琴和滑雪都感兴趣。隆美尔生活俭朴,不吸烟、不饮烈酒,对妻子以外的女人不感兴趣。他用训练士兵的方法教育独生子,背着老婆让年仅7岁的儿子曼弗雷德骑马,结果摔破了儿子的头。隆美尔用一马克硬币向儿子行贿,求他不要把真相告诉妈妈,当儿子向妈妈告发隆美尔的"暴行"后,他毫不犹豫地向儿子要回了作为勇敢奖赏的硬币。

由于丰富的火线经验加之辩才过人,隆美尔被任命为维也纳斯塔特军校校长,出版了《步兵攻击》,该书先后再版十余次,并被译成多种文字,连美国的巴顿当时也以能背诵该书部分章节而自豪。隆美尔由此成为青年偶像并引起希特勒的注意,成为元首大本营警卫部队司令。

波兰战争爆发后,隆美尔陪希特勒亲临前线,冒着被丛林中波兰狙击兵的冷枪击中的危险,观察快速运动的坦克冲锋。希特勒视察格丁尼亚时,隆美尔亲自站在路中央指挥,仅放希特勒和警卫的汽车通过,将大喊大叫的希特勒办公室主任马丁·鲍曼拦在圈外。为报复隆美尔对纳粹党的羞辱,鲍曼等了五年。

波兰战役后,隆美尔任第 7 装甲师师长,带着 10 本《步兵进攻》开始了坦克生涯。上任伊始,他命令养尊处优的营长 90 分钟内离开营房。每天 6 点钟,他准时沿莱茵河慢跑,与士兵一起听 7 点钟新闻联播,把坦克编成各种能快速突进的队形。

身穿漂亮军服、胸佩勋章的隆美尔经常暴露在坦克顶上,用斩钉截铁的鲜明手势发号施令,用戈培尔送的莱卡相机拍下惨烈的战斗。由于用兵谲智、楔入神速,连德军参谋长都无法捕捉到隆美尔的行踪。他的士兵在距他不足一码处中弹倒地,但他若无其事地用马鞭敲击坦克炮塔,指挥冲锋。

隆美尔是法国之战中最出风头的少将,也是第一个获十字勋章的德国军官,他的部队被媒体称为"魔鬼之师"。新闻传媒对隆美尔的功绩大肆宣扬,一部名为《西部的胜利》的电影、一本《魔鬼之师》畅销书把报刊电台的赞誉推至极点。可纳粹宣传给隆美尔带来更多的嫉妒和仇敌,他渴望新的荣誉,但他咄咄逼人的气势和超人的胆识使机会与他无缘。就在他走投无路之际,希特勒把他派到了非洲。隆美尔把他在欧洲本土创造的光荣带到了北非,沙漠小镇阿拉曼由此闻名天下,他自己则成了"沙漠之狐"。

狐狸之死

隆美尔在北非的传奇战迹使他成为第三帝国 26 名元

帅中最年轻的一位，"可他的怪癖和来自最高阶层的支持，把人事关系弄得相当复杂。"隆美尔在给妻子的信中写道："晋升使我超过大批战友，无疑引来许多许多嫉妒。""我将在肩章上添更多的星。"就在隆美尔依靠才智胆识顽强地进行奥德赛式的远征时，出于嫉妒而产生的阴谋已在孕育之中。

隆美尔性格孤僻、傲慢、专横，在军队中他的敌人多于朋友。在一切由他支配的情况下，他是优秀并有独立见解的战场指挥官，可一旦受到过分的约束，他又是一个抗上而难于对付的军官。隆美尔先同德国空军闹翻，继而和墨索里尼发生激烈冲突。当他眼看着一年多来他的一万名士兵、九名将军在北非命送黄泉后，他与希特勒的冲突终于爆发，竟敢面对面朝希特勒怒吼："惟一能做的是撤出非洲！"

1943年，百病缠身的隆美尔回到德国，疾病给他留下深深的非洲情思。帝国元帅戈林开始粗鲁地侮辱他，脾气暴躁的隆美尔已经失宠。

隆美尔是当时惟一与英美军队作过战并为敌人畏惧的德国人。考虑到此，希特勒一度让隆美尔任意大利"B集团军"司令，可隆美尔并未得到相应的部队。据戈培尔日记记载："他们不愿隆美尔指挥太多的军队。他们嫉妒他。"

1943年底，隆美尔奉命赴英吉利海峡用钢轨、水泥、木桩、海水、沼泽、废炮弹和千奇百怪的各种地雷修建6英里宽、50个阿拉曼战线长的"大西洋壁垒"。连工兵司令梅斯将军也看得目瞪口呆："他真是个工兵天才！"像以往一样，他对奢华的生活、名胜古迹不屑一顾，途径比萨时，他根本不理参谋们想去一睹斜塔的请求："比萨斜塔已经斜了许多年,战争打完它还会斜着。"当他的参谋长高斯将军送给他一个古董花瓶时,他竟容光焕发:"瓷器! 我们为什么不用陶瓷造地雷?"

随着隆美尔回国后对纳粹暴行的了解,他厌恶地称:"纳粹头头们的手都不干净。"当他的儿子曼弗雷德想参加党卫军时,隆美尔怒不可遏:"绝对不行! 希姆莱的集体屠杀在断送德国。"

诺曼底登陆后,隆美尔看到大局已去,无辜生命在白白送死,他来到苏瓦松,向希特勒当面请求政治解决。在伯希特斯加登,他不顾希特勒的制止,几次提出考虑"整个局势",被希特勒逐出会场。

1944 年 7 月,隆美尔遭轰炸颅骨粉碎,抢救三天才恢复知觉,这是他第六次火线负伤。至此,固执而闲不住的隆美尔只能在病床上挣扎着打苍蝇。由于失去左耳左眼,他连距离都已判断不准。此时,刺杀希特勒的行动已把隆美尔卷了进去,盖世太保怀疑隆美尔是密谋分子的核心,五年前遭隆美尔羞辱的希特勒办公室主任马丁·鲍曼、德军总司令凯特尔、坦克上将古德里安、坦克中将寇彻海姆等五人组成军事法庭,出于种种原因,没有人愿替隆美尔说公道话。

1944 年 10 月 14 日早晨,身穿上开领非洲军制服、满身勋章的隆美尔还在等待希特勒把他派往前线的命令。可来访的希特勒副官布格道夫将军摧毁了隆美尔的全部希望:"陆军元帅隆美尔被指控谋害元首。"面对种种天衣无缝的证据,谁也不相信他至今对谋杀计划一无所知。布格道

阿拉曼战场上的盟军战士墓,一位当年的
老兵正在寻找着战友的墓碑。

阿拉曼德军无名战士墓

夫宣布,鉴于隆美尔的战功,元首允诺,隆美尔死后实行国葬,家属享受元帅抚恤金。

隆美尔最后一次拥抱了妻子:"我将在 15 分钟后死去。"他把钥匙和钱包交给独子曼弗雷德,然后戴好军帽,穿上大衣,手握元帅杖跟在布格道夫身后,钻进前来接他的汽车。15 分钟后,陆军元帅隆美尔死于车中。

纪念阿拉曼

1992 年 10 月 25 日是阿拉曼战役 50 周年纪念,几十个国家的军政显要飞往埃及,缅怀这场"无仇之战"。从亚历山大到阿拉曼的旅馆被预订一空。24 日日出之前,我就拉上英文记者润哥从开罗直扑阿拉曼。茫茫沙漠路我的时速就没下过 180 公里,6 缸 4.5 升的庞大引擎发出喷气战斗机才有的啸音。沿海岸方向一直向西,左侧是撒哈拉,右侧是地中海。1992 年 4 月,我曾沿海滨路一直到的黎波里谒见卡扎菲,蜿蜒而去直至天际的海岸公路两侧,成群的无名战士墓沉重肃穆。

马特鲁省人民已把当年隆美尔的指挥所改建成隆美尔纪念馆,这里原是罗马时代贮藏谷物的岩洞。现任德国斯图加特市市长的曼弗雷德·隆美尔将其父生前的皮大衣、望远镜、罗盘、地图和私人照片捐献给这里,与非洲军团的旗帜、炮弹壳并排陈列在洞内。马特鲁人因曾遭受英国殖民统治,所以把隆美尔看做是反抗殖民主义的解放者。在加油站,牧民桑尼竟用德语朝我打招呼。放骆驼的老易卜拉

参加过阿拉曼战役的盟军老兵

参加过阿拉曼战役的德国老兵穿着当年的
军装、开着当年的吉普车重返阿拉曼。

欣已老得走不动路,歪在朝阳的沙坡上晒太阳。他告诉我,每当沙暴来临之际,他都能见到他的老朋友隆美尔,说到此还斩钉截铁地挥起干枯得像猫爪的手:"Angreifen(德语,进攻)!"

阿拉曼战争纪念馆是奉埃及总统纳赛尔的命令于1965年12月开始兴建的,这座环形纪念馆建在昔日战场上,用当地岩石构筑而成。纪念馆收藏了当年的武器、军装、旗帜、图片、绘画以展示当年的激战场面。在沙盘作业室,按比例缩小的沙盘重现了德军从利比亚东进2000公里直逼苏伊士运河的态势。沙盘前,隆美尔与穆巴拉克的半身塑像并肩而立。隆美尔身先士卒的品行、对祖国的忠诚、勇敢顽强的战斗风格、超人的指挥才能和神奇的机动战术至今令世人赞叹。

1966年11月9日,曾指挥阿拉曼战役的英国元帅蒙哥马利给埃及总统纳赛尔写信,请求参加阿拉曼战役25周年纪念。自1956年苏伊士运河危机以来,英埃关系一直不好,蒙哥马利估计他的请求会被拒绝,但结果令他大吃一惊。纳赛尔不仅同意他来阿拉曼,还把他作为官方客人。为纪念阿拉曼战役50周年,穆巴拉克总统拨款对阿拉曼战争纪念馆重新扩建,以此欢迎来自世界几十个国家的二战老兵。

在阿拉曼战争纪念馆西北的高地上,矗立着德军战士墓,4200名阵亡将士的骨灰按籍贯分装在21个花岗岩石棺中,环列在罗马斗兽场般的墓地里。巴伐利亚州石棺上一束夹竹桃的花朵已经干枯,其后是镌刻着4200名阵亡者

1992年10月25日,当年参加二战的英、法、德、意等几十个参战国在北非阿拉曼纪念阿拉曼战役50周年。梅杰向老兵亲属献花。

姓名的石壁。

由德军战士墓西行3公里,是意大利无名战士墓,4800名阵亡士兵的骨灰盒镶嵌在一座纪念大厅的汉白玉墙壁中。再向西300米,是纪念228名阵亡的利比亚士兵的清真寺。

阿拉曼战争纪念馆附近最大的墓地是英联邦战士墓,美国、新西兰、澳大利亚、希腊、印度、南非、马来西亚等16个国家的11945名士兵长眠于此。刻有犹太大卫星(六角星)、基督教十字架、天主教和伊斯兰教标志的墓碑并排静卧。隆美尔曾把战死的双方战士埋在一起举行葬礼,坚持给修工事的劳工与德国人一样的工资,他对白人战俘歧视黑人战俘的做法予以严厉惩罚,"因为身穿同样制服的黑人与白人生而平等"。他拒绝执行盖世太保屠杀犹太人的命令,他还要求部下不许在禁猎季节射杀野鹿。澳大利亚第9师的琼斯当年只有22岁,他说,他和他的战友们"对隆美尔非常尊敬,他是个出色的指挥官和真正的绅士"。美军救护车战地急救队的阿瑟·豪少校回忆隆美尔:"纪律严明,不虐待俘虏。"

　　79岁的老兵多扎凯迪斯是希腊老兵协会主席,他身穿当年的军装,打上绑腿,腰挂水壶,身背背包,还像50年前那么精神。站在他身旁的夫人一脸崇敬,声称她的男人只有29岁。76岁的好莱坞摄影师凯博50年前是英第8集团军的运输班长,我问他是否还记得当年的战事,"怎么会忘呢?我们班8个人,一下就炸死4个。就像刚刚发生的一样"。德卡尔·吉默曼当年才22岁,阿拉曼一战使他成了独眼龙,他跪在墓地上默默祈祷亡灵超生:"我怀念50年前为我牺牲的同志,也怀念当时的敌人。"他面前的墓碑上刻着:"这里躺着一位18岁的小伙子,他是为了救自己的战友而躺下的。"

　　1992年10月25日,英国首相约翰·梅杰双手颤抖地把一朵朵海棠花大小、设计成子弹与迸射的鲜血图案的小红花,别到几十位年逾古稀、在阿拉曼失去丈夫的老妪胸前。我平端相机距梅杰不到两码,可他略带哭腔的男中音却像来自苍茫的天穹:"50年前的事距今已经很久,可我说句真话:不列颠将牢记它 500 年。"蒙哥马利的儿子小蒙哥马利子爵已经 64 岁,他对父亲指挥的阿拉曼战役的惟一评价是"铸剑为犁"。年已 63 岁的隆美尔之子曼弗雷德引用《罗马书》中的话"仇恨罪恶,坚持美好,友爱兄弟,同所有的人生活在一起"来回顾他的父亲。大会组织者的书面文告中称:"对所有西部沙漠参战者的同志情谊和勇气、对交战双方在战场上的骑士风度致敬。"

入夜,我平躺在盟军战士墓,仰望北非夏日深邃的晴空,一勾新月徐升,清光泻地,照遍树丛和数以万计的墓碑,白石嶙峋,一望无际。海风拂过我赤裸的胸膛,仿佛时间已经凝住,风变成了固体。

不知何时,笨重的皮鞋声将我惊醒,起身望去,月光下走来两位比我还狼狈几分的青年人。他们自称是南非比勒

陀利亚大学历史系的学生,他们的父辈——南非警察部队也参加了这场空前绝后的战争。长发的理查德挽着同伴赫克的手,把我引至一处普通的石碑前,这是由他祖母为他阵亡的叔叔立下的墓碑。手电光下,我看见一行端庄的碑文:

　　　"对世界,他仅是一名士兵,

　　　　对母亲,他是整个世界。"

四进巴格达

  我刚会走路那年，便从我奶奶嘴里听说"天方"有个巴格达，巴格达有个孩子阿里巴巴，用开水烫死了藏在他家大木桶中的 40 个强盗。从那时起，我对我们家院子里的几口大荷花缸就充满恐惧，总担心从里面爬出一队明火执仗的江洋大盗，乃至天一黑就不敢到院子里撒尿。奶奶嘴里的巴格达除了遍地窃贼这惟一的缺点外，其他一切都像伊拉克蜜枣一样甜美，美得我忍不住产生愿为巴格达献身的念头。

  巴格达位于两河流域富饶的新月形土地上，早在 6000 年前，这里就出现了城市，发明了车轮，修建了灌溉系统，创造了泥板上的楔形文字……巴格达作为伊拉克的首都，是阿拉伯世界最古老的城市之一，也是中东最重要的政治、文化与贸易中心。千百年来，不同种族的阿拉伯人、库尔德人、波斯人、土耳其人、亚美尼亚人；不同宗教信仰的穆斯林、基督徒、犹太教徒以各种不同的生活方式聚居共处，使巴格达充满了神奇的魅力。世界古典名著《一千零一夜》中许多动人的故事都是在巴格达发生的。

海湾战争爆发前夕,我被新华社派往巴格达。在此后的三年里,我四进巴格达,直到把新华社图片传真机装到巴格达移动卫星发射天线上,使巴格达分社成了新华社第一个用卫星天线向外界传发照片的分社。中国人首次用卫星天线在世界上长距离传输图像。

一进巴格达(1990 年 12 月～1991 年 1 月)

1990 年 8 月伊拉克吞并科威特后,联合国安理会立即予以制裁,国际封锁使出入巴格达的惟一通道只有约旦。为此,我得先从北京飞到伊斯坦布尔,至于以后的路全凭安拉安排。

临近烟波浩淼、黑云压城的波斯湾,一股慷慨别燕蓟的孤独感油然而生。海水中总浮现出我老妈随风飞舞的灰白头发,出发前一天的晚上,她一直背对着我拼命地洗我换下的一大堆脏衣服。对有可能发生的意外,我有充分的精神准备。我深知,除非牺牲一切也在所不惜,否则就别去冒险。

如果人生的乐趣在于这一秒钟不知道下一秒钟会发生什么,我的巴格达之行则饱尝了这种提心吊胆的乐趣。从伊斯坦布尔换乘约旦的波音－727 飞至安曼,安检更加严格。伊拉克航空公司别出心裁地要求所有旅客亲手将自己的行李搬上飞机货舱,以免混入"皮包炸弹"。每位旅客都领到一张白色传单:"根据伊拉克革命指挥委员会 229 号命令,在你抵达巴格达 5 天之内,必须到指定的地点做血液检查。"我这才发现，此时逆着外逃的人流进入巴格达，决不是件轻松的事。

在巴格达拍照难于上青天，刚摆脱8年两伊战争又面临多国部队轰炸的伊国人草木皆兵。数不清的政府各部、商店、医院、银行、煤气站、加油站、超级市场、重要路口、立交桥、广场、博物馆、集市、机场、车站一律严禁拍照。荷枪实弹端AK步枪的士兵遍地都是，不时有枪声划破长空，我成了两耳直竖、四处乱蹦的兔子。

一位常驻巴格达的记者警告我：美联的萨拉哈和路透的马蒙被取消了签证；拍摄巴格达"军事设施"的巴佐夫特被绞死；不守规矩的塔斯社记者死于车祸……听得我后脊梁直冒冷汗。在巴格达，如果没有伊拉克情报官员陪同，你根本就别想背相机上街。且不说军警宪特，光是革命觉悟

　　　海湾战争以来，伊拉克始终处于国际封锁之中，昔日海湾第一大良港巴士拉樯桅如林，被炸坏的商船沉浮于波斯湾中，无人问津。

高涨的老百姓就招架不了。好在我生就一张典型的东方人的脸,摄影背心上的五星红旗和中、英、阿文书写的"人民中国新华社"又使我区别于日本人。由于日本海部内阁出兵参加海湾封锁,在伊拉克犯了众怒,在巴格达被误作日本人可不是什么光荣愉快的事。

伊拉克政府组织记者拍"万名妇女儿童抗议美帝"。几个刚会走路的儿童身挂"要萨达姆,不要布什"、"要和平不要战争"的大纸牌蹒跚而行。我和紧靠我左臂的白人记者跟着人群大喊:"打倒布什!"此举深得伊拉克人民的敬意。事后才知道,这位白人老兄竟是美联社的多米尼克。

1991年1月2日,伊拉克政府命令所有1973年以前出生的男孩立即到预备役报到。看着才满17岁的半大孩子斗志昂扬奔向征兵处,我的心情怎么也明快不起来。政府已向民兵发枪,机场售货员得意地向我炫耀他屁股上的柯尔特手枪。正在休假的列兵穆罕默德·阿里中止了他的临时出租车业务,奉命开往科威特前线,他惊奇地问我为什么还不离开,"巴格达和它的350万人口将不复存在"。医院正把药品清点集中,装箱隐蔽。市中心拉希德大街军车成队,开往前线的军人在此尽情享用政府新增加的每月50第纳尔军饷。

与年轻人的激动相反,老年人出奇的平静甚至悲观,我们的房东太太哭诉自己命苦,她想逃回老家曼苏尔,可听说多国部队已把那里的核基地列为打击目标。

中国驻伊拉克大使郑达庸、武官曹彭龄全是北大学长,对我这个胆大包天又四处捣蛋的小师弟自然格外照顾。曹

伊拉克共和国卫队在街头搜捕破坏者。

街头的萨达姆像被人泼上了墨水，

武官之父乃著名翻译家曹靖华，曾任北大俄语系主任，曹武官本人一身儒风，怎么看也不像武官，更像个文化参赞。在曹武官宿舍的地毯上，他用茶杯、咖啡罐、腰带摆了态势图，向我介绍一触即发的战争。在最近的 140 天里，伊拉克已在南方修了 2200 公里的甲级公路，在北纬 31°线集中了它的全部装甲单位，依赖真主师则进驻库特，摆出决战的架势。北部三省库尔德人居住区仅部署了一个轻装甲师。我不禁对这种面对进攻却分散兵力的防御表示意外，怀疑这种依靠三条纵向公路的战术原则。曹武官点头同意，因为仅从图上作业看，伊拉克将一战即败。

使馆计划留下郑达庸大使为首的五个人，其余人员分

海湾战争及不久前(此图摄于 1993 年 2 月 16 日)的
空中打击给伊拉克人民带来灾难,这是禁飞区内巴士拉
的阿特曼清真寺的阿訇马姆站在自己的清真寺前。

批撤出。留守的我们在中国使馆楼顶用红漆画了一面巨大
的五星红旗,冀以免遭轰炸之虞。

二进巴格达(1991 年 3 月～5 月)

我是在以色列挨"飞毛腿"袭击时接到再进巴格达命令
的。由于以色列与伊拉克早在古巴比伦汉谟拉比时代就结
了仇,海湾战争使伊拉克把一切与以色列发生过关系的人
都视为"匪谍",我的伊拉克签证上早就注明:"一旦该护照
有以色列痕迹即告作废。"因而这次奉旨二进巴格达大有直

接晋见死神之意。我的以色列朋友听说我要返回放"飞毛腿"的巴格达都大为惊骇，小姑娘奥丽特眼泪汪汪送我一件大白T恤衫，上书"我是海湾战争的幸存者"，拉着我的手求我三思而行，"千万别听坐办公室的混蛋上司瞎指挥"。我那当了40年美国佬的二伯从美国加州打电话到新华社约旦分社，让首席记者转告我："研究一下该任务的可行性。"尽管我向往陆上交火的科威特，对重返巴格达颇不以为然，可还是以极不赞成的心情执行这项命令。因为在我接受的所有教育中，上司总是高瞻远瞩，神圣不可抗拒地发布听来正确的命令。为了自我保护，洗去我从头到脚的犹太味，我自作主张地先从以色列飞往塞浦路斯，再转道埃及，最后飞到约旦，再伺机进伊拉克。沿途，我扔掉一切有以色列之嫌的物品，把奥丽特小姐送的T恤衫存在了开罗。我一直以为生死乃命中注定，非人力可改变。以前我读过一篇毛姆的小说，名字就叫《撒马拉相会》。撒马拉是伊拉克著名的通天之塔——撒马利亚螺旋塔的所在地，讲的就是命中注定的故事。说在巴格达有一位商人派仆人去集市买粮食，不大工夫，仆人狼狈地跑回来，面色苍白浑身发抖地说："主人，我刚在市场被人挤了一下，转身一看，挤我的人竟是死神。她见是我，做了一个吓人的手势，现在，请您把马借我，我要逃离巴格达，躲到撒马拉去。"商人立即把马借给仆人，让他逃往撒马拉。商人自己去市场，也碰到死神，他问死神今天早晨碰到仆人为什么做一个吓人的手势。死神说："那不是吓人的手势，我只是吓了一跳。我为与他在巴格达相遇惊诧不已，因为今天晚上我和他在撒马拉有个约会。"

1991年3月1日在开罗机场,邂逅的共同社摄影记者小原洋一郎手捧我递上的名片竟怀疑我是个冒牌货,"索嘎! 索嘎!"地围着我直转圈。因为共同社眼中的唐老鸭大智大勇,绝不会傻到从以色列回伊拉克送死。直到看到中东分社给我的电令,他翻来覆去地检查再三,才相信的确是我本人。

飞到约旦,中国驻约大使章德良一见我就大喊:"讲故事的唐小鸭回来了!"当晚备了酒菜,挤到我小屋里侃了一夜。章大使特别关照我,千万别向外人透露去过以色列,否则小命难保。我则恳求章大使,尽快把我弄进巴格达。据章大使介绍,伊拉克最近驱逐了所有外国记者,想进巴格达

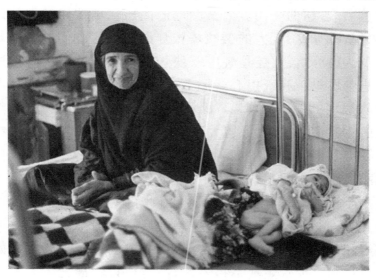

巴格达医院无医无药,生病儿童瘦得皮包骨。

得等中国驻伊拉克大使郑达庸到来后再想办法。憋得我整
天拿章大使的德国狼狗黑贝开心。当初战争正酣之际，我
每天都盗用使馆的大虾给她补奶，不想这美人聪敏过人知
恩必报，以后我先后十次从约旦过境，她总是颠前跑后恩爱
万分。

　　3月5日，中国驻伊拉克大使郑达庸自埃及驾临约旦，
这位北大老学长不仅给我补充了1万美金，还答应把我带
进巴格达。3月15日凌晨4点，郑大使在我们的小汽车上
升起五星红旗，踏上长达1000公里的沙漠路，驶向巴格达。
进入伊拉克境内后，高速公路上被炸毁的40吨油罐车和巨
型集装箱载重车不时可见。公路上有美国空军标准装备
20毫米火神机炮扫射的痕迹，一枚火箭命中中央隔离带，
钢板断裂，扭曲一团。公路两侧的高压输电线像被刀砍过
一样散乱如麻，庞大的架线塔被炸翻在地。我们的汽车竭
力躲闪着弹坑，可还是轧在一块炸弹皮上，轮胎爆炸，险些
栽进弹坑里。我既担心会撞上美国炸弹，又害怕被共和国
卫队识别出来送上绞架。因为我是第一个在以色列公开曝
光的中国记者，而今又胆大包天地返回伊拉克。

　　昔日天方夜谭中美丽的巴格达此时已变成一堆沾满污
泥的肮脏的水泥建筑。萨达姆总统府门前的"7·16"钢索桥
被整个摧毁，与自由者桥相距800米的共和国桥被炸成四
段，坠落底格里斯河中。都拉炼油厂被炸毁，汽车无油，人
们纷纷以自行车代步，连曼苏尔富人区的富豪子弟也开始
骑自行车。粮食短缺不得不实行配给，拉希德大街黑市面
粉每公斤7伊第，比入侵科威特前上涨了129倍。巴格达

由于国际封锁，伊拉克人把政府配给的鸡蛋拿到黑市上卖高价。

伊拉克北部逃难的库尔德人

街头烈日当空,人们手端塑料盆、水桶围着街心自来水管排队取水。五星级的拉希德饭店已经断水,我在一楼厕所撒了尿,可是没水冲。新华社只剩花园中的水龙头细水长流,用它冲完的胶卷挂着层莫名其妙的白霜。

我在伊拉克情报官员的陪同下拍摄战争废墟。此次战争,多国部队激光制导的"灵巧炸弹"能精确地钻入建筑物腹内爆炸,从外部看主体结构安然无恙,而腹内被炸得面目全非。阿米利亚地下掩蔽所就钻进了两颗"灵巧炸弹",伤亡人数达 1500 人。废墟上高擎黑色挽幛的受难者家属看到有我这个外国人拍照,慷慨激昂地拥上来把我围在核心高呼打倒美帝,好像我就是乔治·布什。

伊拉克贸易部长萨利赫接受采访时称战争封锁使伊拉克每人每月仅能得到 1 公斤大米,医院中的急诊手术往往得依靠烛光。哈佛大学研究所认为到 1991 年底至少有几万名儿童饥病而死。国际红十字会迪利克医生告诉记者,由于缺少医疗设备,医生不得不重复使用注射器,这将使很多人有可能感染肝炎和艾滋病。这番话听得我不寒而栗,因为我已奉命挨了许多说不上名目的防疫针。而这些针的注射器全是反复使用的,因为伊拉克自国际封锁以来就很难找到一次性针头。

我还奉命与共和国卫队同行,到南方镇压穆斯林什叶派暴徒,到北方平定库尔德人叛乱。回到巴格达,伊拉克情报部萨东先生把我传到他的办公室,嘴角叼着一枚快要烧着小胡子的雪茄烟蒂,开门见山地问我是否拍了一家被烧毁的表店。我弄不懂他是什么意思,一口咬定没拍:"萨东先生,您知道,我向来是除非接到命令,否则根本不按快门。"老萨东一对虎目盯了我好久:"据我的情报,你并不总那么听话。不过别害怕,现在是我求你,我们的部长出于某种兴趣,急需一张埃尔比勒那家被烧毁的钟表店的照片,可我手头现在没有。我听人说你路过那家倒霉表店时,手中的相机响了一下。"

三进巴格达(1993年1月~2月)

1993年1月17日海湾战争爆发两周年纪念日,美国空军再次袭击巴格达以南16英里的伊拉克核工厂。巴格

底格里斯河岸边的树都被伊拉克穷人砍光当柴烧

巴格达市中心被炸的百货商店

达市中心拉希德饭店也被一枚"战斧"导弹击中,炸死一名妇女,伤数十人,其中一名德国记者炸了个满脸花。事件发生的时候,我正在南黎巴嫩雪山上采访被以色列驱逐的416名巴勒斯坦难民,直到10天之后我才抽身飞到约旦,取道进入伊拉克。

自海湾战争以来,由于国际社会制裁,多国部队的F-15鹰、F-18A大黄蜂、F-14雄猫控制了制空权,伊拉克固定翼飞机就没敢升空,持续的空中封锁使伊拉克民航集体转业改开大巴士,专营从巴格达到安曼的长途客运,战争使飞禽成了走兽。早上9点,我身背采访器材,手提安曼分社帮我准备的一大摞阿拉伯大饼,爬上由约旦首都安曼开往巴格达的"沃尔沃"长途车,踏上长达 1000 公里的沙漠路。

　　直到中午,伊拉克航空公司的大巴士才驶出约旦鲁维谢德,海湾战争期间国际红十字和国际红新月会协会在此修建的难民营已荡然无存,只剩下坑坑洼洼的帐篷坑。根据我战时模糊的记忆,约伊两国间有 70 公里宽的中立地带,可现在约旦的边界似乎向东推进了相当一段距离。伊拉克塔布里勒海关出现在眼前,红、白、黑、绿的四色伊拉克国旗懒洋洋地在烈日下飘舞依旧,只是国旗上增添了一行醒目的绿色阿文:"安拉最伟大。"这是伊拉克海湾战争之后修改国旗的硕果。

巴格达街头的萨达姆像

伊拉克海关认真地在我护照的第一页上填上我携带的相机、镜头、录音机……这是以往两次没有的。我规矩地排在一名意大利商人身后等待过关,一位显然不谙英语的伊拉克边防警察用极奇怪的发音逐一点名,结果使所有听众对自己的姓名都顿感陌生。轮到我前面的意大利商人时,这位随时准备应答自己名字的主人竟对警官高喊自己大名毫无反应,当即因装聋作哑把警察气得喉咙冒火,被恶狠狠地抛出队外。眼看着刚刚还绅士派头十足的商人老兄顷刻斯文扫地,我不禁感慨人的命运真比蛛丝还细。好在我顺利过关,犯人蒙赦般爬上冷寂的大巴士,继续茫茫未知的旅途。

傍晚,我们的大巴士终于缓缓驶入神秘的巴格达。伊拉克情报部为加强摄影采访管理,把我和美国《时代》周刊摄影师罗伯特·斯特朗编在一组,采访当年被多国部队炸成一堆烂铁的儿童奶粉厂。据介绍,伊拉克人民自力更生,已使该厂部分恢复生产,奶粉厂还送给我们每人两袋奶粉作为佐证。采访完毕,我掏钱请情报部陪同瓦利德在巴格达豪华的萨哈饭店吃午饭,连点了三道主菜都说没有。好不容易上了一道著名的巴格达"祖拜迪"烤鱼,可我敢打赌,这条鱼至少登陆了一个月,没鳄鱼牙、火鸡胃就别想消化它。情报官瓦利德问我这次来巴格达与前两次有什么不同,我说:"伊拉克人民更团结了。"他说:"当然,现在是战争。我警告你,一个人上街千万别背相机。"饭后,我发现瓦利德贪婪地注视着橱窗中的进口香烟,便主动给他买了一包,不料他一面如获至宝地揣进衬衣口袋,一面请求我为他的同事

伊拉克北部苏莱曼尼亚的一名军人出征前与妻儿告别

再买一包。战前,这类进口烟成箱地摆在货架上,兜里揣满了用滚滚石油换来的美元的伊拉克人对此根本不屑一顾。采访完毕,瓦利德邀请我们参观了他市郊的家,领出一对天真美丽的双胞胎女儿,说要聘给我带回中国做老婆。

2月7日,我和《时代》周刊的罗伯特·斯特朗同乘一车前往巴士拉,同行的还有日本、英国、法国、意大利各国记者。我们被编成一队,连中途休息、撒尿也由情报官员统一控制,意大利 NOI 记者皮鲁谑称之为"International P. P."(该字既有国际采访团之意,又可理解为国际撒尿)。

巴士拉是仅次于巴格达的伊拉克第二大城,位于伊拉克南部,东临夏特·阿拉伯河,市内河渠纵横,已有 1300 多年历史。海湾战争期间,巴士拉城北的公路桥被多国部队炸毁,至今未能修复,城内排水系统年久失修,污水四溢,恶臭冲天。夏特·阿拉伯河畔塑有 99 座死于两伊战争的烈士雕像,每座雕像下镌刻了死者的名字、军衔、生卒年月,其中有战死的国防部长阿德南、第三装甲师师长拉希德、第五机械化师师长哈雅尼。

我们采访了巴士拉港区,港内上百条锈迹斑斑的巨轮歪在水中,有的已被炸沉,码头上杂草丛生。我们获准攀舷梯登上巨轮拍照,本应繁华喧闹的中东名港此时竟比圆明园还寂静、荒凉,残砖败瓦和炸变了形的钢铁遍布甲板,船体上层建筑上简易的水泥工事被炸得支离破碎。这里集中了世界各国的巨型货轮,海湾战争使其断绝了与外部世界的联络,静悄悄泊在锚地。

巴士拉省总医院院长阿拉艾拉丁称他的医院只剩三盒

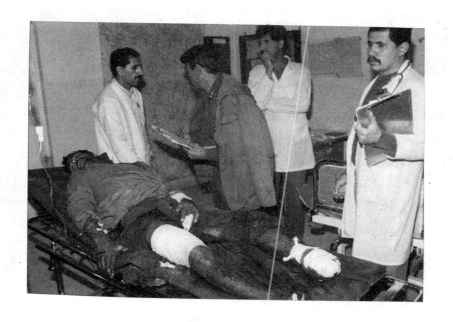

巴士拉医院的医生在没有麻药的情况下给士兵做手术

Humuliur。日本《朝日新闻》记者冈本行正指着手术台上的药说是日本捐赠的,说着一把抢过来仔细读上面的字,可看了半天没了下文。意大利记者嘲笑道:"日本人,那上面是中国字吧!"说话间隔壁传来一阵令人心惊胆战、毛发倒竖的嚎叫,跑过去一看,原来是医生正给一个腿部受伤的士兵动手术。医生说:"麻药不够,这个士兵枪伤不重,身体又壮,用不着麻药。"

我们下榻的五星级巴士拉希尔顿饭店根本没有电,只在写字台上插了支火苗随风摇曳的蜡烛。洗手间水龙头用了吃奶的劲才拧开，先是血红的锈水，继而是浑浊的暖流。早饭只有干大饼和煎鸡蛋。《朝日新闻》冈本行正点了果汁，可送上来的却是杯自来水。

沿途，所有记者还得分担七八个情报部陪同的饭费。由于缺乏配件和保养，汽车总出毛病，返回巴格达的时候竟有两辆汽车坏在野地里。所有情报部陪同和汽车司机都亮出家伙，围在四周担任警戒，由机械师抢修，尽管我们已付了租车费，可修车的费用仍由记者平摊。

沙漠黄昏的晴空蓝得让人发愁，寒风刺骨。我们几个摄影记者围着火堆一人一口传递着《时代》周刊记者罗伯特的一瓶约翰尼黑牌威士忌。皮鲁就着火光掏出一大把苏联勋章逐一别到我们所有人胸前作为纪念，他还有克格勃证

坐在空食品篮边的伊拉克妇女

一枚巡航导弹夺走了这个小女孩父母的生命，她身后变成了一片废墟。

件和苏共党证，据说全是在莫斯科现交钱现贴照片压钢印办来的。这老家伙年纪虽已 62，可上蹿下跳倒像刚满 26，他拎着酒瓶子把麦克阿瑟的绝句"老兵不死，仅仅隐退"(Old soldiers never die, They just fade away.)篡改为"老摄影师不老，就是找不着焦点"(Old Photographers never old, They just out of focus.)。

返回巴格达,刚把同车的罗伯特送回旅馆,伊拉克司机就提出要我再付 400 美金。我说罗伯特已付了包车钱,你老兄怎么也不能收双份呀。可看到车子驶向茫茫黑夜,我忙改口说:"我的确没钱了,你不妨把我送回中国大使馆或新华社巴格达分社,我保证付给你的合法所得,安拉作证!"

车到分社,我先把行李搬进分社,分社首席记者李义昌担心我处理不了。我说,您还得常驻,最好不露面,我一人能对付。我转身出门告诉司机,我刚和罗伯特通了电话,他说他已付了全部车费,因此只能给他 50 美元小费。司机说他可以给我多开发票。我说:"中国前进了。你给我如数开我实付的钱,否则一个子儿也没有。"

伊拉克共和国卫队士兵

　　由于伊拉克不生产钢铁，海湾战争中被炸毁的高速
公路一直无法修复。

四进巴格达(1993 年 7 月～8 月)

1993 年 6 月 29 日，我和一帮西方记者拍美国航空母舰"罗斯福"号通过运河，在苏伊士河口，《时代》周刊驻开罗记者断腿巴利趴在我耳朵上让我和他一起去伊拉克"买手表"，"否则准会后悔一辈子"。我猜这小子话中有话，尤其是次日一早美联社的纳伯特也开车奔了机场，我就断定巴格达又要出事。我向上司表示也要到巴格达去"买手表"，可直到半个月后，我才接到进入巴格达的命令。

7 月 17 日，开罗分社厨师杨子、贾三儿特意为我弄了顿"断头饭"，然后送我去机场。路上，我们撞了一辆菲亚特，一名埃及骑警一直尾随追到机场才把我们抓住，我将此视为不祥之兆。

约旦分社的几位老兄帮我弄了特许证，伊拉克政府破例同意我把"美联"图片传真机背进巴格达，通过海事卫星的无线天线向外界发传真照片。

还是那条沙漠路，还是伊拉克航空公司的大巴士，只是路况、车况更差。7 月的中东沙漠酷热无比，而伊航长途大巴年久失修的空调根本排不出一丝冷气。我已是第四次前往巴格达，全无以往的激情，像个失去奋斗目标的英雄，愁眉苦脸，苦不堪言。直到红海烈日西坠，阿拉伯繁星满天，我们这辆机件失灵的破车才穿过千里伊拉克大沙漠，摇摇晃晃进入巴格达。

一到巴格达，我就跟着联合国核查组拍"安装监视用摄

由于食品短缺，椰枣成了粮食的主要替代品，一个小贩正对着萨达姆像祈祷。

像机"，待我冲洗完照片，把美联图传机装上移动卫星发射天线时，才发现就是叫不通北京岸站。原来这种海事卫星移动发射天线的工作气温不能高于 60℃，而我们那尊固定在水泥地上又加了把大锁的移动天线的表面气温超过 80℃。1993 年 7 月 26 日，我们终于让新华社巴格达分社的移动天线向外界传发了照片"国际原子能委员会主席艾克尤斯飞抵巴格达"。连美联社摄影记者贾西姆也跑过来伸出大毛手祝贺新华社也拥有卫星传真装备。现在，这座我亲手安装在巴格达的发片装置还被锁在伊拉克政府新闻部院内的草坪上。

三年多的战争封锁，使大多数伊拉克人的购买力下降到只能购买政府凭卡供应的 10 公斤配给粮。巴格达"祖拜迪"烤鱼已上涨到每公斤 90 第纳尔,而伊拉克副部长级官员月工资仅为 750 第纳尔。勤劳的伊拉克人使市中心锈迹斑斑的马尔基娜雕像重新喷水,她神色凝重地向油瓮中浇水。可离这儿不远是一群脏兮兮的小孩,正伸出猫爪般的小黑手乞讨。

在国际新闻为美国一家垄断的形势下,经常有人问我,为什么 1995 年全民公决萨达姆以得票 99.96％的高分蝉联总统。原因很简单,因为今天绝大多数伊拉克人比在原

持续的经济封锁给伊拉克人民生活带来严重灾难,他们喜欢吃的「祖拜迪」烤鱼已涨至每公斤 90 伊拉克第纳尔,而伊拉克副部长月工资为 750 伊拉克第纳尔。图为巴格达一鱼贩。

海湾战争后,伊拉克食品短缺,商店橱窗内空空如也。

来西方统治者执政年代的生活好得多。在持续多年的封锁下,萨达姆政府保障农产品自给自足,首先是蔬菜水果。肉制品虽不丰富,但仍保持最低水平。底格里斯、幼发拉底河和波斯湾有的是鱼,地下有的是油。伊拉克人不缺吃,也不少电。某些自己不生产的商品匮乏使居民生活受到影响,药品奇缺使伤病员首先是儿童死亡率上升。但客观上的自力更生与主观上捍卫独立的决心使伊拉克永远不败。面对国际封锁,政府发给居民每人一卡,凭卡每月供应6公斤面粉、1公斤大米、0.5公斤黄油、0.5公斤糖、300克茶、1只鸡、1条香烟以及肥皂、洗衣粉和汽车轮胎。这些供应品在遍布各地的特供商店免费供应，或仅象征性地缴极少的钱。伊拉克90％的居民有自己的住房，煤气、电、水、电话费等基本公付，占每人工资比例不到1％。伊拉克保障私有财产，允许多种经济形式，自认为正在建设阿拉伯社会主义，因而优先发展国有经济。伊拉克独立前只能保住石油收入的6％，其余的全被西方国家拿走。现在，石油收入全部归伊拉克政府，这正是西方国家借口人权攻击萨达姆的根本原因。

巴格达解放广场的旧货市场，可以买到任何令人瞠目结舌的东西，战争使伊国人对本国货币毫无信心，对美元却近乎疯狂的崇拜。一架德国产8×10蔡斯望远镜才20美元，而这在香港至少900美元。一位戴花格头巾的家伙20美元卖给我一只"欧米茄"海王手表，可当我戴到手腕上才发现，除了秒针哪都不走。待我返身追上这位潜入人流的老兄时，他已摘掉头上的围巾，露出满脸大胡子。他宽宏地同意"买回"那只表，不过只能"付"我10美元。当然，我也有赚的时候，一支派克45型钢笔4美元，一把瑞士十字军刀3美元。在一个相机摊上，竟发现一台带MD-4马达、135mmf2镜头的尼康F3，我屏气凝神强压住激动问摊主100美元能否成交，这老兄竟以120美元慨然相允。美得我扔下120美元，抄起相机就跑。跑出百米之后，我才仔细打量这台磨得露了黄铜、镜头上还打着"美联社"标志的黑市货。可等我返回使馆，使馆的小于却迎面泼来一瓢凉水："这台相机昨天开价才80美元！"

　　海湾战争结束后,伊拉克在封锁中逐步重建。这是从巴格达市郊送往市中心的天然气罐。

美国驻巴格达使馆也在秘密地拍卖财产,但避开新闻界,只对各国使馆开放。我和小于开着中国使馆的卡车到美国使馆一举买下了美国人 10 台崭新的"将军"牌空调。波兰外交官托马斯作为美国利益代表现场拍卖,偌大的库房中堆满了冰箱、洗衣机、家具、吸尘器、铝梯、炊事用品……一位女士引导我和使馆的小于到使馆后院交款,我跟在她身后借机献媚:"小姐,你真美! 美国人?"

"不,伊拉克人,可我妈生在贝鲁特。你是记者?"

"不! 我是使馆的司机兼厨师,欢迎你来中国使馆吃我做的菜。"

"你真可爱!"

"你真迷人! 顺便问一下,那些电脑卖吗?"

"所有电脑都已卖给了印尼使馆。"

"真可惜我来晚了。亲爱的,能否这么理解:美国使馆把能卖的全卖了?"

"可以这么说!"

拍卖大厅的警卫不许我进,理由是我身上有相机,此间的拍卖是严禁记者采访的。我把大花裤衩卷至大腿根,红背心撩至胸口,腆起脏汗横流的大白肚皮,右手搭到卡车车门上:"有我这样的记者吗? 我是使馆的司机兼厨师,我只想给自己留个影!"警卫对视了一下:"看来你也干不了用脑子的活儿。"当天,我在发出的照片底下加了一句缀语:"看来,一个把房产之外的财产全卖了的使馆短期内不会改善两国关系。"这张质量极差的传真照片竟馋得美联社贾西姆啧啧称羡,这是 1993 年 7 月的事。

巴格达街头的平民

《纽约时报》驻白宫主笔迈克尔·凯利在他的《殉难日》一书中称巴格达是世界上最廉价的卖淫场所。一名腰缠万贯的约旦投机商称："这里到处都是漂亮小妞儿，你可以廉价地'威凯威凯'。"我和新华社巴格达首席记者老朱在底格里斯河畔就碰上一个在旅游学院学英语的姑娘，她的前胸赫然印了一行大字："Suck it(吮这儿)!"还以职业的温柔死缠着和我们合影，我们不得不正言以对："我们不是日本人!"我不由想起一句悲伤的中国古语："卿本佳人，奈何作贼。"

入夜，古老的巴格达笛声悠扬、锣鼓喧天。伊拉克政府正在市中心猎人俱乐部为来自全国各地的 29 对青年举办集体婚礼，萨达姆总统的长子乌代也在其中。由于经济困

自 1993 年 7 月底开始,美国驻巴格达大使馆开始秘
密拍卖使馆财产,买主仅限于各国使团,不许记者采访。
这表明美国一段时期内不大可能与巴格达改善关系。

难,伊政府号召人民摈弃传统奢华的阿拉伯婚礼,代之以爱
国主义的集体婚礼,萨达姆总统让其长子乌代以身作则。
伊拉克政府为参加集体婚礼的新娘提供(借用)婚纱,向新
郎赠送西装,并允许每对新人的 50 位亲戚免费出席集体婚
礼,享受国际封锁下罕见的"库兹"(烤羊腿)。断腿的民歌
手伊斯麦坐在椅子上唱着悠扬的歌,他的双腿是海湾战争
中被美国飞机炸飞的。一位来看热闹的小姐国难不忘美
容,卷了乌发、润了粉颜,还从容不迫地坐在民歌手身旁染
指甲。

举办集体婚礼的猎人俱乐部百米之外就是伊拉克军事
情报总局,一群士兵仍在清理前不久惨遭轰炸的主建筑。
防空武器昂首向天,一面伊拉克四色国旗在夜空招展,旗上
的手写体阿文赫然分明:"安拉最伟大。"

埃及地震亲历记

护身符不翼而飞

1992年10月12日午后，我一觉醒来，中东烈日正透过百叶窗直射到我腿上，干枯的汗毛在侧逆光下金光闪闪，贴满止疼膏的膑骨火辣辣的疼。我迷迷糊糊爬起来，突然发现脖子上的护身符不翼而飞。

我的护身符绝非价值连城的钻石、翡翠、和氏璧，而是一枚仅伍分硬币大小、刻有六字真言的铜观音。可这枚祖传的铜观音陪我盛夏沿万里长城步行、严冬在秦岭抓大熊猫、在海拔五六千米的可可西里无人区探险、从天安门到巴格达。洪水、大火、动乱、战争……铜观音保佑我走遍世界。我将护身符的失踪看做是某种危险将至的征兆，就像海湾战争在特拉维夫挨"飞毛腿"前，尼康相机包的背带莫名其妙地断了三次。

不祥的预感像只庞大的阿拉斯加灰熊，压得我喘不上气来，莫名的恐惧紧紧纠缠着我。尤其令我不安的是我放在冲扩店的四卷负片,竟不可思议地卡在冲扩机里。尽管店主哈利德一再以安拉的名义赌咒发誓"枯鲁塔麻姆"(阿语:一切都好),可我从中午到现在连跑四趟还是没有结果。

下午2:40,我开着大吉普第五次去冲扩店,店老板哈利德干脆躲了出去,仅留下一个獐头鼠目的小伙计敷衍我,气得我直骂娘,发誓再也不来这家鬼店。

我离开冲扩店,开上大吉普回分社,看看左腕上的潜水表已是下午3:05。我爬到吉普后座上将昨天吃剩的罐头、面包塞进一只大塑料袋,又取出汽车收音机中的盒带,准备回房间伴着瓦格纳辉煌的旋律吃我的午饭,继续读纪晓岚的《阅微草堂笔记》。

我左手提着塑料袋爬上楼,钻进洗手间准备把憋了半天的一泡尿先解决掉。就在这时,一阵闷雷般的轰鸣由远而近,大地上下震颤,继而左右摇晃,我根本无法把尿撒进尿池里。我用手撑住墙壁,抬起左腕看了一眼潜水表:下午3:09。

地震持续了一分钟

整个震颤过程持续了一分钟。在这漫长的一分钟里,先是有人大呼小叫"地震",继而是五音错位的喊夫唤妻。我根本不信真是地震,因为我脑子里只有"环太平洋火山地震带"。我随着慌张的人流往外跑,迎面撞上一个脸色煞白带着哭腔找丈夫的女人,看着她的失魂落魄,我猛然想起我还是个男人。我逆着人流返回楼上,抄起床头的多姆克摄

两名妇女在震倒的小屋前不知所措

1992 年 10 月 12 日下午,开罗发生前所未有的大地震(里氏 6.7 级),挖掘出的尸体惨不忍睹。

影包，又从冰箱中摸出五个柯达胶卷和一卷绷带，拎着落满灰尘的钢盔直扑停在车库的大吉普。此时，我就像一只全神贯注于捕鼠的大公猫，周围的一切似乎已不再存在。我真担心持续的震颤会把我的大吉普砸在楼里，由于太紧张，连打了两次火才发动着引擎。弄不清是大地的颤抖还是六缸吉普4500毫升发动机的轰鸣，我耳畔回荡着震耳欲聋的隆隆声。我尽力稳定情绪将车倒到街心，大吉普咆哮着迎着惊惶失措的人流霸道地横在街心。我摇下玻璃朝外面大喊："谁跟我走?"我称之为六哥的分社办公室主任应声上了车。我的铁哥儿们王波揪着自己的小背心的背带、趿拉着拖鞋可怜巴巴地问我："穿这个行吧?"我没等他完全爬进来就抬开离合器，大吉普吼叫着冲开人群。王波趴在我耳旁大喊："咱们去哪儿?""哪儿惨去哪儿!"我回答得咬牙切齿。

宽广的阿盟大街成了抱头鼠窜者的避难所，可我无心在此恋战。我知道老开罗的旧房区肯定比这儿出戏，茵芭芭和舒伯拉区不砸死人才怪。可眼前一些胆小的可怜虫弃车而逃，把道路塞得死死的，好在我的大吉普四轮驱动可以蹿上爬下越野而行。"七·二六"大街一幢五层楼震塌的一角堵死了干线，我不得不右转弯沿着濒尼罗河的科尼奇大道向南走。再往前是政府新闻部，我让王波下车去新闻部打听一下震中在哪里、震级多少。我则找路口掉头，将大吉普靠在马路牙子上追拍魂不附体的人群。

六哥和王波四只拖鞋噼啪小跑着奔回来，争先恐后地大喊："新闻部里的人全躲地震去了!"一个蓬头垢面的埃及人失魂落魄地一把拽住脖子上挂满尼康相机的我，其神态

抢救伤员

酷似历尽千辛万苦终于找到八路军的大春哥。原来新闻部后面就塌了三座小楼，他自己就是一名受害者。跟在这老兄身后亦步亦趋深一脚浅一脚地狂奔，终于来到一堆破烂不堪的废墟前，可房主说什么也不许拍照。

再向前就是舒伯拉区，根据多年经验，我紧盯着一辆救护车的屁股，轻而易举地到了现场。这里的房屋至少已有80年历史，自然惨象环生。紧挨着我的大吉普，一家人正颤巍巍地竖起大木梯把还困在二楼的孩子接到地面。数不清的灾民在破砖烂瓦中挑拣对自己有用的东西……

谁也不知道哪儿是震中，谁也不清楚地震有几级。一位安莎社记者告诉我震中"应该在地中海底"，我笑骂道："应该是维苏威火山！"

独自一人钻进新华社中东分社大楼的暗室里，冲胶卷时我才突然感到以往从未有过的恐惧，"死"仿佛近在咫尺。此时，我真盼望自己能有个儿子可以延续我的生命，我痛苦地感到我已经老了，以往的胆识已一扫而光，我真怀疑当初在巴格达、特拉维夫挨炸时我是否邪魔附体。为战胜自己的懦弱，我将收录机的音量开关扭至极限，让贝多芬第五交响曲驱散冥冥之中的恐惧，赶走死神的黑翼。

照片很快制作完毕，待写完文字说明才知道整个开罗与外界的电话联络全部中断，任我纵有三头六臂也回天无力。

入夜，我开着大吉普奔赴开罗灾情最重的海利波利斯区，这里一幢有72套房间的14层巨厦被夷为平地。我看见路透社摄影记者阿莱、美联社摄影记者纳伯特、法新社摄影记者阿尔多等人嘴上缠着白绷带,迎着刺鼻的血腥味往前冲,这是一群十足的捉老鼠的大公猫。我的老朋友、《时代》周刊摄影记者断腿巴利也混迹其间,拖着他那条在贝鲁特打断的右腿一个趔趄栽下来,大脑袋正撞在我肚子上。我用力挽住巴利的胳膊,同时尽量保持住自己的平衡。巴利一面喊了声:"谢了,唐!"一面挣扎着继续往废墟上爬,越过他倾斜的脊背,我看见他那大眼睛的阿拉伯女人正使出吃奶的力气,用肩膀顶着巴利的右腿。

寻找震中

　　午夜两点,我将大吉普藏在清真寺旁的一块空地上,偷偷摸摸地钻回楼里睡觉。我绝非有意以武力试探社长不许上楼的命令的权威性,实在是我已太累,必须脱光衣服"真正地"睡一觉,因为我已打定主意,明早一定要第一个赶到那子虚乌有的震中。躺在床上辗转反侧,禁不住重温 1989年山西地震的旧梦,那回我以一辆"大发"昼夜兼程 2000 公里,我的传真照片不仅占领了《人民日报》头版,还被美联、路透、法新、共同社们买去。光荣与梦想俱成历史,这里是开罗,地震仍在发生。紧张工作之余,我体会着小猫晒太阳才有的温暖,恍惚睡去。

　　当我被闹钟吵醒时已是 10 月 13 日凌晨 6:00。我邀阿文记者老杨与我同行,目标是 100 公里外卡伦湖畔子虚乌有的加托拉尼沙山,据埃及《金字塔报》透露,那一带可能就是震中。驱车出开罗沿着直通法尤姆的沙漠路狂奔,一种说不出的惬意溢于心头。

我开的这辆 91 年款丰田大吉普曾随我二闯以色列，半年前以色列国防军围堵了我几十公里才在加沙城北将我拿获。法新社、路透社们把闯边界的我描写成"驾飞车的唐"，以色列国防军干脆叫我"飞人"。开快车成性的我按报上讲的经纬度迅速赶到开罗西南指定的坐标位置。可这里既无加托拉尼沙山更没有人知道这个名字，就连在这片沙漠中修路的筑路队也不知道有这么回事。

我和老杨边走边问，一直围着卡伦湖转了大半圈，才在沙克舒克村口碰上一个自称知道震中加托拉尼沙山的人。这个头裹绷带的家伙声称震中加托拉尼沙山还得再向沙漠纵深开 70 公里，可我的大吉普的贮油只能再坚持 50 公里。看着这老哥目无定睛的神情，我开始怀疑他那缠着绷带的下巴到底是房梁砸的，还是挨了左勾拳。

按理说小村沙克舒克是离震中最近的永久居民点，可灾情并不比开罗重多少。穿黑袍蒙黑纱的阿拉伯妇女若无其事，各自在破败不堪的屋檐下忙着家务。村旁的卡伦湖上帆影点点，捕鱼如常。

离沙克舒克村继续前进 20 公里，便到了北非古城法尤姆。我们的大吉普纵穿最繁华的穆罕默德大街，发现有五六处楼房受损，军队正在封锁现场，组织抢险。但总体看来灾情远远小于开罗。

埃及总统穆巴拉克已中断对中国的出访回国，当天就视察了救灾现场。这次"埃及历史上最强烈的地震"至少已造成 500 人死亡、4500 人受伤。仅开罗金字塔医院就处理了 1000 多名伤员，医院门口数十名痛失亲人的阿拉伯妇女哭嚎之声震天。

下场地震推迟到五点开演

开罗海利波利斯那座崩塌成一堆瓦砾的 14 层公寓楼已成为举世瞩目的核心。由德国红十字会派来的寻人犬营救队正在仔细搜寻，每隔个把钟头就刨出一个垂死或已被水泥预制板砸扁的居民。阿拉伯人严禁给死人拍照，数十位义务人员高扯白布专门阻挡电视和摄影记者的镜头。炎炎烈日下，口干舌燥的德国寻人犬累得体力不支。戴眼镜

埃及地震发生的第二天，德国红十字会抢救队员抵达开罗，立即投入抢救之中，一名女队员看到自己的寻人犬疲惫不堪，掏出自己的水壶饮犬。

的寻人犬饲养员克劳布小姐与她的爱犬共用一个水壶喝水。

我没见过 1940 年的考文垂和 1941 年的珍珠港，可我亲历的特拉维夫和巴格达的战争废墟都没有这么大的腐尸味。此时开罗的最高气温将近 40℃，尽管我已用涂了清凉油的绷带将口鼻紧紧包住，可令人作呕的臭气还是熏得我泪水横流。当一只克尽厥职的大公猫发现老鼠后，必然全神贯注于它的猎物，将所有器官、全部精力集中到这富于创造性而魅力无穷的劳动之中，此时，它也最易受伤害。一直到今天，我也说不清到底是怎么回事，就一下子从布满钢筋的二楼摔到一楼的瓦砾堆上。钢盔保护了我的头，可右腿膑骨至大腿根内侧却摔出一道一尺多长、两寸多宽的紫色瘀血来，疼得我匍匐在地，挣扎了好半天还只能蹲坐在原地干喘。

就在我像个摔碎的泥娃娃那样瘫倒在地时，已有 5000 年历史的金字塔却结实得让我嫉妒。与大金字塔相邻的斯芬克斯亦安然无恙，我开着大吉普围着它们连转三圈，就是找不出丝毫因地震造成的损伤来。守卫金字塔的警察对我深表同情："本来也该给它们震出点毛病来，可是很遗憾，什么也没发生！"

由于谣传 CNN 播报了一条地震预报：下午 4 点将有强烈地震，致使新华社中东分社门前空地上坐满了翘首长空等待四点钟来临的人们，就像在等待一场准时开演的电影。新华社埃及雇员穆罕默德见我在楼内闲庭信步大为惊骇，我说我刚和安拉通了电话，下场地震推迟到五点开演。

我看到了神光

　　吉萨金字塔声威盖世之际,本应与其齐名的阿布森贝神庙却远远躲在上埃及非洲烈日的阴影里。在当今所有描绘古埃及灿烂文化的典籍中,有关阿布森贝的章节丝毫不比吉萨金字塔逊色,甚至偶有过之。几千年来,"神光"准时穿过 61 米长的隧道照到拉姆西斯二世脸上这一世界奇观,吸引着千千万万的人前来瞻仰。

一

　　1992 年 2 月,埃及政府邀请部分常驻开罗的外国记者南下位于埃及—苏丹边境的沙漠小镇阿布森贝,采访阿布森贝神庙 2 月 21 日出现的"神光"。当时,我和国际广播电台小高都刚到开罗不久,自然属"无名鼠辈"而榜上无名。尽管我使出当年在北京跑新闻的蛮劲,软磨硬泡了整整两天,主管此事的官员也动了恻隐之心,可最后还是得我们自己想办法:"你们可以从开罗乘火车前往 900 公里外的阿斯旺,然后找汽车穿过 300 公里的南方沙漠,或者骑骆驼。"

偌大的开罗火车站内竟连一块英文标志牌都没有,到处是令人眼花缭乱、蚯蚓般蠕动的阿拉伯文。我们找到一位粗通英文的旅游警察(埃及负责旅游秩序的专门警察),才被引到游客售票处,一打听到阿斯旺的卧铺要217埃镑(约70美元),吓得我脑袋差点缩进脖腔里。转出候车大厅,钻进散发着异国气味的地下通道,还有一个脏兮兮、乱糟糟的售票室。这里挤满了缠头巾、穿阿拉伯长袍的埃及人,此处也卖去阿斯旺的火车票,不过只有二等硬座,票价仅为卧铺的1/10,每张才22.8埃镑(约7美元)。

埃及二等列车远比我们想象的好,许多勤俭的西方游客也挤在这里。光我们这节车厢就有三个美国大疯丫头,两条德国大汉和一名日本学生。

沙漠上的夜车冷得要命,我把羽绒衣拉锁拉到头,把脸埋在衣领里,生怕呼出的哈气浪费掉。紧挨我的努比亚老人不停地咳嗽,将浓痰随口吐在我脚边。身后的阿拉伯少年一支接一支唱着又甜又快的情歌,我只听得懂一句"哈比比"(亲爱的)。一位用黑纱从头裹到脚的阿拉伯妇女缩在角落里一言不发,宛若乌木根雕。

终于熬到天明,步入列车厕所,才发现马桶堵塞,遍地"遗矢",已无立锥之地,随着列车的有节奏的摇晃,恶臭徐徐扑面而来。列车溯尼罗河蜿蜒而上,两侧是一望无际的甘蔗林,可车内的空气却污浊之至。小高试图打开车窗透透气,但车窗密封着。我走到车厢的一头,发现车门竟是开着的,两条德国硬汉正蹲在敞开的车门边随手扯过一根根甘蔗,然后狼吞虎咽地大嚼。我朝这两位条顿骑士喊了声

"猫根"（德语，早上好！），他们就顺手扔给我一根。我掰了一段递给小高，自己捧着半根甘蔗蹲在他们旁边试着用牙咬住断茬剥皮。一位努比亚黑人见我啃得斯文，一把夺过去，在我的甘蔗上狠咬一口，又塞回我嘴里，教我从他咬开的断口处吸甜水。

每逢小站，火车并不停顿，仅仅减慢速度。旅客都像打冲锋、抢夺制高点似的爬上跳下，陌路途人则主动帮上下车的旅客抛接各种奇形怪状的行囊。

次日下午 2 点，火车终于缓缓驶入终点站阿斯旺。经过 15 个小时的硬座旅行，小高和我已变成涅槃的乌鸦，嘴角上挂着尼罗河甘蔗凝结的白汁，一脸痴相地爬下火车。

二

阿斯旺（Aswan）位于开罗以南 900 公里的尼罗河畔，面积 783 平方公里。历史上的阿斯旺几度辉煌，以秀美平和的热带风光和悠久文明震惊世界，故事片《尼罗河惨案》就发生在这里，阿斯旺纤夫凯特拉克特饭店也因"惨案"成为闻名于世的四星饭店。我坐在该饭店濒尼罗河的露天酒吧，手端用尼罗河水酿制的斯黛拉啤酒，面对点点白帆，耳畔回荡着《尼罗河惨案》的主题曲，仿佛置身于危机四伏的电影情节之中。

阿斯旺北邻卢克索，南有苏丹重镇哈尔发，早在远古就已成为东北非最重要的贸易城市。阿斯旺在古埃及语中称为"苏努"（Sono），意为市场。希腊人将其曲解为"看见"，科普特语念作"斯旺"(Swan)，阿拉伯人在其前面冠之以阿拉伯字母"A"(阿里夫)，约定俗成变成了现在的阿斯旺。

按阿斯旺旅游局长穆罕默德·阿哈米德的说法："世界上先有阿斯旺，后有旅游业。"尼罗河美丽的自然景观、舒适的热带气候、丰富的文物古迹和世界上首屈一指的高坝，使阿斯旺的旅游业特别发达。阿斯旺现有旅馆床位5050张，豪华游船床位2万张，每年吸引游客达百万之巨，令人不可思议的是阿斯旺旅游局仅有20名工作人员。

埃及领土面积100.2万平方公里，96％是沙漠，4％的可耕地全部集中在尼罗河沿岸。古希腊历史学家希罗多德称："埃及是尼罗河的馈赠。"尼罗河平均年径流量840亿立方米，但年际变化极大。1878年径流高达1510亿立方米，可1913年仅有420亿立方米。尼罗河的涨落不仅缔造了精确的历法、数学、天文学、建筑学，也让沿岸人民饱尝水旱磨难。自古以来，每年6月17日～18日，尼罗河水变绿，继而暴涨，名曰"落泪"。到8月28日，当地人将盛装的美女载至河心，抛入激流为河神娶妇，名曰"忠诚节"。这种习俗一直沿袭了几千年。现在，每年8月28日尼罗河沿岸仍举行"忠诚节"纪念活动，只不过石膏人和鲜花取代了祭祀河神的少女。

我们的出租车司机老穆罕默德开着辆连方向灯仪表板全没有的"标致504"，他虽然仅仅勉强小学毕业，可娶了个开罗农学院毕业的太太，为此特别得意，不停地炫耀太太的种种贤德。再有一件令他夸耀的事是1961年周恩来访问埃及，他给周恩来开过车。他自称家中珍藏着一张周恩来

每年 8 月 28 日是一年一度的"忠诚节",盛装的埃及少女模仿沿袭数千年的风俗,重现古埃及用少女祭河神的场面。

的"书法"。

汽车驶过 1932 年埃及革命前法鲁克国王修建的防洪坝,进入举世闻名的阿斯旺高坝管理局大门。高坝管理局局长哈马迪·M·贾哈尔详细介绍了这座历时 10 年(1960—1970 年)、耗资 9 亿美元的世界第一巨坝的建筑过程。位于中东动荡地区的阿斯旺高坝利用山势,建在沙砾结构的尼罗河冲积层上,采用黏土心墙堆石施工法,坚固万分。当我问及阿斯旺高坝是否经受得住战略导弹诸如"飞毛腿"之类的袭击时,贾哈尔局长称:"原子弹也炸不塌,更何况埃及拥有一流的防空力量。"

　　驱车于111米高的阿斯旺水坝之上,脚下波涛翻滚的世界第一长河尼罗河被拦腰截断,放眼南望是宽15公里、长500多公里的纳赛尔湖,这座世界第二大人工湖吞下尼罗河的全年径流,实现河水多年调节,使1964年的洪水、1972年的干旱、1975年的特大洪峰和1982年以来的持续低水位都化险为夷。高坝西端是75米高的埃苏友谊塔,塔身并排镶嵌着直径2米的苏联和埃及国徽及纳赛尔、萨达特的画像。一大帮中学生正挤在纪念塔下拍照,天真的脸上洋溢着人类与生俱来的希望之光。

<h2 style="text-align:center">三</h2>

　　由阿斯旺南行300公里才是阿布森贝,由于沙漠中没有铁路,只能乘飞机或搭长途汽车。饭店门口的出租司机开价240埃镑(80美元)才肯上路。我们转到长途车站,一位头缠白包头的努比亚黑人司机拦住我们。他用流利的英语自我介绍名叫汉姆萨,家住阿布森贝,正准备凑够一车人赶回家,如果我们愿意,每人只缴20埃镑(7美元)就行。

　　汉姆萨的这辆"标致504"最多只有五成新,车上三排座位满满塞了9个人。我和小高因为是外国人被优待坐在第一排,我紧挨在司机右侧,怀抱摄影包丝毫动弹不得。汉姆萨车开得极野,还没出阿斯旺城时速就超过150公里。他左手扶方向盘,身子倒向右侧,用右拳狠砸汽车收录机,破车随着他右拳的起落一蹿一蹿地向前冲。至少敲了10

分钟,收录机才好歹转了起来,原来是一盘伊斯兰祈祷词,汉姆萨和全体乘客一齐跟着收录机唱起"安拉"来。

小破车以 160 公里的时速狂奔,小高还不断地鼓励司机"果义斯"(阿语,好)。就在他再次叫好的同时,只听左后轮胎一声巨响,继而是钢圈与路面磨擦发出的刺耳尖叫。破车在沙漠路上左右摇摆着冲向前方,一头扎进右侧的沙堆,旋即又反弹回来,在公路上作 360 度的原地转向,斜歪在公路左侧的沙地里。小高惊叫着撞开车门,以为车子马上就要起火爆炸。司机拎出一只塑料桶钻出车外,我猜他要灭火,可他竟坦然地立在沙地上撒起尿来。之后又从容地用塑料桶里的水认真地洗下身,仿佛什么事也没有发生。最后,他才在沙地上支起千斤顶,若无其事地换上备用轮胎。

中午时分,我们终于赶到阿布森贝。这里仿佛是美国西部片中的情景,一条沙漠公路蜿蜒穿过镇中心,四周是铺天盖地的黄沙,镇政府警察局小巧玲珑,挤在惟一的一条街道上。这里仅有的两家旅店已经爆满,纳费尔塔丽旅馆甚至拒绝我们在大堂逗留;另一家名叫拉姆西斯旅店的老板是位努比亚黑人,听说我们是中国记者,大为热情:"先住在贮藏室,一会儿再想办法。我不在乎记者,可我在乎北京。"说罢从冰箱中端出两杯玫瑰红色的冰镇"卡拉卡狄"(一种粉红色花冲的水,是努比亚人常喝的一种饮料。)请我们喝。一位站在太阳阴影里喝啤酒的美国人也热情地邀请我们分享他的套间。

据说约有数万人涌来此地,只为一睹 2 月 21 日凌晨太

努比亚人

阳照到拉姆西斯二世脸上的壮丽景观。很明显,日本游客占很大比重,小高和我也总被误做日本人,弄得我们不得不劳神去解释亚洲只有中国才盛产一米八几的大高个。黄昏时分,小高和我在纳赛尔湖畔的落日余辉里认识了两位日本姑娘,她们都是东京大学经济系二年级学生。谈笑间,其中一位将我相机顶盖上的黑胶布一点点儿揭下,露出白花花的"Nikon"(尼康),我不禁勃然大怒。见我忿然,她忙用纤纤玉指将胶布复位,贴好按平,强作天真地追问我为什么把相机、镜头、闪光灯上的日本牌号全贴起来。我面对尼罗河没有回答,只对天发狠,有朝一日我要造最好的相机。

四

2月22日凌晨4点,我和小高匆匆起床,跑步直奔阿布森贝神庙。尼罗河畔的空场上已聚集了数不清的旅游者,由于游客甚众,当地出动了军队协助警察维持秩序。

阿布森贝神庙是古埃及第19王朝法老拉姆西斯二世为崇拜太阳神于公元前1257年建造的。他是古埃及统治时间最长的君主,在位67年之久,还是位富于革新精神的外交家、建筑家和军事家。公元前1280年,拉姆西斯二世在卡迪什大败叙利亚国王海蒂特后,签订了人类历史上第一个和平条约,并强娶叙利亚公主为妾。他把这件事和其他所有值得夸耀的业绩一起刻在卢克索卡纳克神庙的石壁上。

拉姆西斯二世在阿布森贝修了两座神庙,大的为他自己,小的是为他的努比亚宠妃纳费尔塔丽。他自己的神庙雕凿在尼罗河西岸166米高的峭崖上,高31米、宽38米、深60多米。神庙外矗立着四尊巨大的自身石雕,每座石雕像仅嘴唇就长达1米,其巨大可想而知。与其毗邻的小神庙则小巧精致,拉姆西斯二世与宠妃纳费尔塔丽的二人雕像并肩而立,这是埃及历史上仅有的国王与王后举案齐眉、身材等高的雕像。在古埃及众多的国王和王后雕像中,王

阿布森贝神庙正门

后身高一般不足国王身高的一半。因此,拉姆西斯二世还被公认为是人类历史上最早主张男女平等的领袖。

举世闻名的拉姆西斯二世神庙具有极高的数学、天文学价值。几千年来,每年只有 2 月 21 日(拉姆西斯二世生日)和 10 月 21 日(拉姆西斯二世登基日)清晨,太阳光准时直射神庙大门,水平穿过 61 米深的柱廊直抵隧道洞底,不偏不倚地照在端坐神庙尽头的拉姆西斯二世石像上。人们称这两天为"太阳节",2 月太阳节是麦收的开始;10 月太阳节是尼罗河涨水的结束。由此可见古埃及数学、天文学、建筑学的文明程度。

60 年代初,埃及修建阿斯旺高坝,库区 500 万人口被迫迁徙。为保护神庙不被水淹,联合国教科文组织发动 50 多个国家捐资 4000 多万美元,组织 3000 多位当代一流的科学家,采用瑞士人的方案将神庙切割成 9—30 吨的巨石 1036 块,上移 60 米后重新组装,搬迁耗时达 5 年之久。科学家们采用最新科技手段挽救了神庙,可终究留下了一个永世的遗憾:由于不可思议的误差,从此太阳光照在拉姆西斯二世身上的时间由 21 日后移至 22 日,现代科学在数千年前的拉姆西斯二世的神威下黯然失色。

自从 1900 年尼罗河修建第一座水坝以来,水位的提高已迫使当地努比亚人四次大迁徙,但阿布森贝神庙始终是努比亚文明的集中体现。早在公元前 600 年,阿布森贝就取代衰落的古埃及成为埃及、非洲、努比亚三种文化混合繁荣的核心。努比亚人世代居住在用阳光烤制的土坯房中,房顶用泥土和草秆制成。从外观看,所有房子都各不相同,墙壁上画满树木、旗帜、鸡和各种神像。在努比亚小屋的层层包围中,最宏伟的建筑是阿布森贝神庙外的拉姆西斯二世神像。从远古延续至今每年两度的"太阳节"不仅是对拉姆西斯二世的膜拜,还兼有捍卫努比亚黑人文化的色彩。

五

据协助警察维持秩序的军官讲,今天的观光客应在 2 万之众,全为瞻仰神光。军警奉命解下武装带,拉起两道人墙,用警棍建立起法制的尊严。所有游人全被拦在庙外,只有极个别身份显赫的贵宾获准进入。我猛然发现缓缓前进的贵宾中有一位白发老者端坐轮椅之上，一位纤弱女人在沙地上吃力地推着轮椅。我灵机一动，主动冲上前，从她手中接过轮椅，推着轮椅昂首挺胸地进了庙。我回头朝小高一瞥，他正站在门外羡慕地朝我挥手。

我手推轮椅随人流缓缓前行，发现神庙乃是凿在岩壁上的一巨形石窟。庙由 60 余米的狭长柱廊和三重大厅组成，庙内 50 块壁画刻有拉姆西斯二世一生的军事荣耀、拉姆西斯二世与众神在一起及各种祭祀活动。柱廊尽头自左至右四座石雕依次是地狱与黑暗之神（孟菲斯之神）普塔、拉姆西斯二世、太阳神阿芒（卢克索主神）、太阳升起之神哈拉克蒂。我一直挤到第一排，支起三脚架。一位埃及记者在我身后拼命乱挤，朝我大喊："嗨！老兄！让开点，我在给政府干活儿。"我用后背挡住他："对不起，我也在给政府干活儿。"

5 点 30 分，我身后的神庙洞口出现橙红色的霞光，所有人都心脏狂跳，敛气凝神，生怕因自己不慎吓跑了即将露面的太阳。5 点 50 分，一线阳光准时从狭窄的正门缓缓射进神庙，水平穿过三道大门和 61 米长的狭长隧道，排开洞内污浊的空气，一直射到拉姆西斯二世脸上、身上。阳光由弱变强，拉姆西斯沐浴在万道霞光之中，犹如金铸的金刚。阳光下，拉姆西斯二世面部立即有了生气：隆准上翘、嘴角下撇，紫色的眼角眯成一线，仿佛微笑着傲视芸芸众生。洞内顿时快门声响成一片，继而是"别用闪光灯"、"住嘴"等断喝。阳光缓慢右移，3 分钟后照到太阳神阿芒脸上，接着是哈拉克蒂，但在他们脸上，怎么也看不到刚才拉姆西斯二世面部独有的神威。阳光从拉姆西斯脸上扫过,直到从哈拉克蒂脸上移走,全过程为 20 分钟,而坐在拉姆西斯二世右手的地狱与黑暗之神普塔一直呆在黑暗里,享受不到一丝阳光。这一情况几千年来从未改变过。尽管拉姆西斯二世已经死了 3200 多年,但他的神灵依然每年出现。

我大汗淋漓,几乎虚脱,用尽吃奶的力气才挤出洞外。蹲在洞口大口呼吸,迎着扑面而来的尼罗河风喘息不止。阿布森贝神庙前至少聚集了 2—3 万人,正翘首凝神,贪馋地望着我刚刚逃出的洞口。我不禁得意地朝尼罗河大喊:"我离拉姆西斯二世最近!"

我的耶路撒冷

世界上有两个地方总让我魂梦系之,一个是枫丹白露,再一个就是耶路撒冷。我喜欢枫丹白露是因为这个法文译名文雅、亮丽、宁静、温暖的色调令我怡然心醉;喜欢耶路撒冷则源于一种说不清的感觉,每当我启齿念 Jerusalem(耶路撒冷)这个字时,舌头在嘴唇、牙齿、上颌间轻微颤动,都会产生一种奇异的快感。耶路撒冷正是一座在人们唇齿间频频颤动而震惊世界、孕育出三大宗教的圣城。在我的印象里,耶路撒冷同天国一样遥远,是普通人难以涉足的神奇之地,想不到我三年内四次住在耶路撒冷,双脚踩着耶稣曾经背负十字架走过的石阶。

1991 年 2 月,我因采访海湾战争首次涉足耶路撒冷时,中国与以色列尚未建交。我落脚的大卫王饭店的花岗岩石墙古色古香,这座以犹太开国皇帝大卫的名字命名的五星级饭店在 40 年前还是英国驻巴勒斯坦殖民军的司令部,当时英军司令正在通缉一名"身高 1.73 米、瘦弱、肤色灰黄、黑发、棕目、鹰钩鼻、戴眼镜、坏牙、平足的波兰籍恐怖分子",他用炸弹炸飞了大卫王饭店一角,刺杀了 70 多名英国人,他就是梅纳赫姆·贝京。40年后,贝京成了以色列总理,由于与萨达特签订《戴维营协议》而获得1978年诺贝尔和平奖。历史就是这样沧海桑田般变化着。

在历尽沧桑的大卫王饭店旁边有一个不大的花园,园中有个不起眼的石井,那是希律王的坟墓,希律王在公元前37年至公元前4年统治耶路撒冷。希律本是一位阿拉伯公主与伊杜美部落贵族的混血儿子,聪明而残暴,被古罗马大将庞培立为犹太王。因为先知预言上帝之子在伯利恒降生,并将成为以色列之王,希律王下令杀死伯利恒所有两岁男婴,以免取代自己为王。耶稣的父母在梦中得到神谕,让他们立即逃走,才幸免于难。希律王在位期间重整耶路撒冷,加宽城墙、扩大圣殿,希律王死后的2000多年里,以色列主权沦丧,直到1948年联合国决定重建以色列国。今天的希律王之墓不仅仅是个文物,耶路撒冷市长科利克说:"耶路撒冷老城圣墓教堂中殿地面有一个洞,古代人一直认为耶路撒冷是全世界的中心,而这个洞是中心的中心。"

由于历史、地理、民族、文化、宗教、经济、政治、军事、心理等诸多不可胜数的因素,耶路撒冷成为无可争议的同时获得神与人青睐的圣城。而以色列事实上成了世界三大宗教圣地的保管者,由此引发的种种矛盾使这个仅有500多万人口的弹丸小国成为国际新闻中曝光最多的国家。

———

马克·吐温游历中东后写的《傻子国外旅行记》中说:

"当我还是个孩子时,我想象约旦河有 4000 英里长、35 英里宽……可它的实际宽度还不如纽约的百老汇大街。那里的加利利海、死海长宽均不超过 20 英里,而我在主日学校上学时想象中的这两个海的直径都在 6 万英里以上。旅行和阅历摧毁了最为雄伟的图画,夺去童年最珍爱的传说。"说实在的,耶稣受洗的约旦河最窄处决不比龙须沟宽,用一根竹竿就可撑着跳过去。

1991 年 2 月 1 日夜,我乘以色列"阿尔法"式军用运输机穿过烟雨蒙蒙的地中海,降落到以色列本—古里安机场大雨滂沱的跑道上时,就像加加林进入太空一样激动。当我扛着湿淋淋的行李、蹒跚着走出机场,在英、阿、希伯来文路标下撞上一队电视上每天露面的倒背加里尔步枪的以军,才确信自己真的踏上所罗门皇帝的国土。

战时特拉维夫上空的"爱国者、飞毛腿"大战引得我跟一帮胆大妄为的西方记者爬上楼顶翘首长空,根本无暇拜谒 70 公里外的圣城。以色列外交部亚洲司的本 - 阿拔小姐从我踏上这块是非之地起,就每天一个电话地劝我从"飞毛腿"横飞的特拉维夫撤往"迄今还没扔'飞毛腿'的耶路撒冷",好像人类永远造不出可以命中圣城的弹头。

刚住进耶路撒冷的希尔顿饭店,就跳出一位接线员奥丽特小姐,她热情地用汉语为我接通北京的电话,还主动邀请我约会,使一向猎奇的我惊喜之余又满腹狐疑:莫非碰上摩萨德的女间谍了?奥丽特很漂亮,她的两腿可真长,仿佛直接长在肩膀上,腰又是那么短,髋前上棘至十二肋仅容得下一根最窄的腰带。她是希伯来大学的研究生,业余时间

导游奥丽特小姐

到电话局打工,她对中国文化很感兴趣,在台湾大学学过汉语,最大的梦想是爬长城。从此,奥丽特成了我在耶路撒冷的导游。

圣城耶路撒冷位于巴勒斯坦中部犹地亚山之巅,海拔790米,面积160平方公里,居民主要有阿拉伯人和犹太人。公元前3000年,逐水草而居的游牧民族迦南人耶布斯部落从阿拉伯半岛迁来定居,在靠近泉水的易守难攻之处修筑营地,将该地区命名为"耶布斯"。耶布斯国王麦基洗德在巴勒斯坦建立了第一个希伯来王国,定都耶路撒冷(希伯来语"和平之城"),修建了圣殿,而今天的阿拉伯人则称之为"古德斯",即圣城。

耶路撒冷分东西两区,西区是19世纪新建的市区,古老的东区集中了许多宗教圣迹。自始建以来,耶路撒冷老城已重建 18 次之多。公元前 1049 年,大卫王曾统治该地,公元前 586 年,新巴比伦的尼布甲尼撒二世将其夷为平地,公元前 532 年又为波斯大流士侵占。此后,耶路撒冷相继附属于马其顿、托勒密、塞琉古和罗马帝国。公元 636 年,阿拉伯帝国打败罗马人,信仰伊斯兰教的穆斯林开始统治耶路撒冷。11 世纪末,罗马教皇联合欧洲君主以"收复圣城"名义,组织了 8 次十字军东征,建立耶路撒冷王国。1187 年,萨拉丁大王在北巴勒斯坦的赫淀大败十字军,穆斯林重新控制圣城。从 1517 年到第一次世界大战,耶路撒冷一直受奥斯曼帝国统治。

第一次世界大战中,英将阿伦比捷足先登抢占了奥斯曼帝国在中东的领地,耶路撒冷成为英国委任统治地。《凡尔赛条约》授权英国"托管"耶路撒冷。1947 年联合国大会 181 号决议决定巴勒斯坦分治,耶路撒冷由联合国管理。

1948 年 5 月第一次中东战争爆发,约旦占领耶路撒冷东区,以色列占领耶路撒冷西区,并于 1950 年宣布耶路撒冷为以色列首都。在 1967 年爆发的第三次中东战争中,以色列逐走约旦军队,占领整个耶路撒冷,1980 年 7 月,以议会将耶路撒冷定为"永恒和不可分割的首都"。1993 年 12 月,我在开罗最后一次采访拉宾总理时,他还在重申"耶路撒冷是以色列永远不可分割的首都"。对耶路撒冷的地位归属,阿拉伯国家同以色列一直有争议,阿拉伯国家要求以色列撤出 1967 年以来占领的一切阿拉伯领土,包括东耶路撒冷。

以色列人依据《圣经》和犹太法律千里迢迢地回到千年

犹太教宗教仪式：诵读写在羊皮纸上的《旧约·圣经》。

以前祖先居住过的地方，把现住户赶走，说："我祖先说过，我后辈有权享受这块土地，我按神的旨意回来了。"联合国的分治决议承认其合法性，由此引发了当地居民援引《古兰经》和阿拉伯国家支援的圣战，一打就是几十年。三大宗教根据各自的传说，都将耶路撒冷奉为自己的圣地。自公元前 10 世纪、大卫王的儿子所罗门在耶路撒冷锡安山顶修建第一座犹太教圣殿，这里就成了圣地。公元元年，耶稣生于耶路撒冷城南伯利恒,长大后在耶路撒冷传播福音,犹太教徒将其扭送罗马总督,被钉死在十字架上。公元335年,罗马帝国海伦娜太后巡视耶路撒冷,在耶稣受难处建造圣墓教堂,因而耶路撒冷也是基督教的圣地。公元七世纪,传说伊斯兰教创始人穆罕默德52岁时的一个夜晚,随天使由麦加来到耶路撒冷,踩着一块岩石升上七重天,接受天启。这段"夜行登霄"记载在《古兰经》夜行篇中,由此耶路撒冷成

虔诚的犹太教徒在哭墙下的圣殿读《旧约》

为伊斯兰教圣地。

《新约》、《旧约》、《古兰经》提及的人物、事件在耶路撒冷都有相应痕迹可寻。西耶路撒冷锡安山大卫王墓旁边的"晚餐室"就是耶稣被钉死前夜与12门徒举行"最后的晚餐"的场所。东耶路撒冷橄榄山顶的耶稣升天教堂，还遗留着耶稣死后三天复活并在此升天时的脚印。

二

奥丽特怎么也不进著名的大马士革门，尽管我反复阐明我对大马士革门神往已久，可她就是不干。因为那里聚

大卫王之墓

　　由于冲突升级,以色列警方要求拥有持枪证的 25 万
国民(以色列人口约 600 万)随身携带武器,以防遭受不
测。图为耶路撒冷街头。

居着阿拉伯人,她自幼接受的教育就是永远别沾大马士革门。她说,那里的阿拉伯人肯定会朝她扔石头,除非她挽着我的胳膊装外国游客。按照传统她作为犹太人只走犹太人的加法门,我只得跟在她身后亦步亦趋。

耶路撒冷老城由 4 个小区组成,其中东南区最大,我也最感兴趣。眼前一条条蜿蜒的小路通向沙漠,远近高低错落的民居、教堂、清真寺、墓地在阳光下变化着颜色。这里居住的全是阿拉伯人,狭窄的便道上是著名的阿拉伯市场,荷枪实弹的以色列军警不时穿行于平民之间。市场上出售的甘蓝、橙子、香蕉都是我平生所见最好的,两谢克(1 美元)1 公斤。金光闪闪的首饰店簇拥着举世闻名的阿克萨清真寺和圣石清真寺。

阿克萨清真寺是仅次于麦加圣寺和麦地那先知寺的伊斯兰第三圣寺。"阿克萨"在阿拉伯语中是"极远"的意思,这个名称来源于伊斯兰教创始人穆罕默德那次神奇的登霄夜游七重天。我在东耶路撒冷的采访全仰仗日本记者村田,因为奥丽特死也不肯陪我东进一步。村田把我领到阿克萨清真寺正东的"卡斯"水池前,做礼拜前的"小净"。村田告诉我,伊斯兰教徒做礼拜前须先洗手、洗脸、洗肘、洗鼻孔、用湿手抹头、冲洗双足……这全称之为"小净"。我紧跟在他身后"小净"之后,才扒掉臭球鞋进了高大庄严的圣寺。该寺始建 于公元 709 年,后几经翻修。主建筑高 88 米,宽 35 米,内耸 53 根大理石圆柱和 49 根方柱,内有神龛、木制讲台等,内部严禁摄影。

与阿克萨清真寺仅一箭之遥、位于圣殿山顶的是金顶

阿拉伯人和犹太人同时在希布伦圣殿的两头祈祷,
中间坐着一个维持秩序的以色列士兵。

清真寺,壮丽辉煌,以纯黄金片贴顶,阳光下金光四射,无比
庄严。内置圣石一块,据说当年先知穆罕默德就是夜游至
此石,才骑马上七重天的。

　　出阿克萨清真寺沿花岗岩小径拾级而下经过昏暗狭长
的花岗岩隧道,前面就是所罗门大帝第一圣殿的残墙,回首
仰望,我发现阿克萨清真寺与犹太教哭墙仅一墙之隔,建在
同一块地基上。我一直走向犹太教哭墙神殿底座,此时我
的心好像承受着寒风苦雨可仍安然自得地对着远山歌唱。
我大口吸着来自锡安山顶湿润寒冷的空气,微痛的喉咙立
刻感到一种说不出的快感,我莫名其妙地咧开大嘴朝所有
的人傻笑。当年美国宇航员阿姆斯特朗登月归来,也曾踏
着这条小径拾级而下,当时他问以色列考古学家本—杜夫:

"当年耶稣真的在这里走过吗?"本—杜夫答道:"正是。"阿姆斯特朗郑重宣布:"我此时的心情比踏上月球时还激动百倍!"

穿过阿克萨清真寺西墙旁的一条花岗岩隧道,就来到了犹太教圣地——哭墙。公元前 11 世纪大卫王统一犹太各部落,以六角星为以色列国象征,定都耶路撒冷。其子所罗门,那个以钢锯巧断妇女争夺男婴案的聪明皇帝,高筑城墙抵御外敌,联姻埃及,用 7 年时间在锡安山顶建造了第一座犹太圣殿——所罗门圣殿。据《圣经》记载,所罗门圣殿长 40 米、宽 13.3 米、高 20 米。巴比伦攻占耶路撒冷时将第一圣殿付之一炬,犹太人将其重建后又被罗马人烧毁,阿拉伯人在此基础上修了阿克萨清真寺。今天的哭墙乃是当

金顶清真寺

哭墙

年所罗门圣殿仅剩的一堵残墙,可犹太人将其视为信仰和团结的象征。哭墙长 48.77 米,千百年来,世世代代的犹太人从世界各地来此号哭,寄托故国之思,颇似中国古代《诗经》所抒写的黍离之悲。至今,每逢安息日,都有成千上万的人到哭墙哀悼、祈祷,将写有自己的心愿的纸条塞入哭墙墙缝,以求神助。我亦将写有自己的心愿"当好记者,娶好姑娘,生小超人"的纸条毕恭毕敬地塞进哭墙。

"哭墙"用铁栅栏把前来的男女一分为二,我与奥丽特小姐分别进入各自的群体,戴上拳头大小的犹太帽加入恸哭的人群。

哭墙的女犹太教徒祈祷区域

三

耶路撒冷城的所有路标和商业橱窗都以英文、阿拉伯文、希伯来文三种文字书写,耶路撒冷城的三个礼拜天——星期五、星期六和星期日分别为穆斯林、犹太教徒和基督教徒的休息日。准确地说,星期五是穆斯林的休息日,叫主麻日;星期六是犹太教徒的休息日,叫安息日;星期日是基督徒的休息日,叫礼拜日。同一座城中的不同人群,分别在不同的日子休息,这一点很令初来乍到者感到不便。

星期六是犹太安息日——"沙巴"。据《出埃及记》所述,上帝训示率众逃出埃及的摩西,犹太人应劳作六天,第七天休息,专事敬拜上帝,以此作为与上帝所立的盟约,凡亵渎圣日者,应处死刑。从安息日前一天黄昏开始,犹太街区的马路中央都被犹太教徒设置路障,以阻止汽车往来。此时,上至总理、部长、议员,下至平民百姓都得步行,当然,这天"EL AL"(以色列航空公司,EL AL 意为向上 向上)的航班也绝对不会起降,就是大人物在安息日也不可乱说乱动。奥丽特小姐因在安息日陪我背相机上街拍照受到一群人的围攻,而我几次在安息日去约旦河西岸都是步行到东耶路撒冷阿拉伯区,才能找到大巴士。1976 年 12 月,拉宾政府由于在安息日到来前的黄昏主持了一个中队 F-15 战斗机的着陆仪式而引发信任危机,直至下台。安息日"沙巴"的耶路撒冷米希姆里区,虔诚的教徒顶帽束袍,跟着拉比(犹太教长)在狭长的街道上边行进边祈祷。

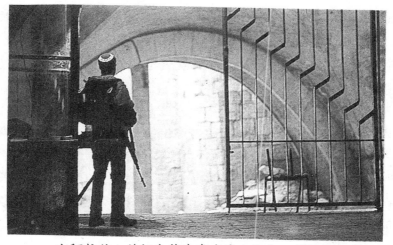

由阿拉伯人的阿克萨清真寺通向犹太人的哭墙之间的隧道，由以色列兵把守。

在美国官拜国务卿的犹太人亨利·基辛格出访耶路撒冷时，在一个"沙巴"之夜踱进一家小啤酒馆，要求喝两杯，可店主当即以"沙巴"名义拒绝。基辛格的侍从问店主，你难道不知道你拒绝的是超级大国的国务卿吗？店主淡然一笑："我知道这里是小得不能再小的啤酒馆，可这里是在以色列的耶路撒冷。"

哭墙西北犹太居民区辟有一处记录犹太人历史的遗迹陈列区。穿过该区便是著名的大卫王塔，大卫是以色列历史上最著名的贤君，英勇善战多才多艺。他定都耶路撒冷，兴建耶和华神庙，钻研音律，南征北伐。《圣经·旧约》把他描绘成战胜非利士人的英雄、编制献神颂歌的音乐家和诗人。今天扑克牌的黑桃 K 上，还保留着他抚弄竖琴的形象。大卫王墓得到极好的保护，棺木上盖着沉重的蓝色天鹅绒布，上绣巨大的白色大卫星（以色列国旗上的六角星）。

初到耶路撒冷，我奇怪为什么犹太人家家门框上全钉着小木条，连五星级的希尔顿饭店也不例外。经奥丽特介绍才恍然大悟，原来这是古老的门柱圣卷。公元前586年，新巴比伦国王尼布甲尼撒二世攻占耶路撒冷后将圣殿付之一炬，掳走大批犹太人，史称"巴比伦之囚"。至今以色列人一提伊拉克就咬牙切齿，更不用说萨达姆还三天两头地扔"飞毛腿"。继而罗马帝国铁骑结束了犹太人在耶路撒冷长达1300年的历史，大批犹太人流亡北非，受尽埃及人的欺侮。据说，上帝为犹太人的苦难所感动，决定惩罚埃及人，降以十大灾难，其中一条就是杀尽埃及人的长子。上帝告诉犹太人首领摩西，让所有犹太人在门框上贴上门柱圣卷，以保他们的长子安然无恙，以后摩西率犹太人经西奈返回耶路撒冷。据《出埃及记》载，摩西遵上帝圣旨将羔羊之血涂于门楣之上，以便天使缉杀埃及人长子时，见有血之家即越门而过，这便是"逾越节"的由来。

四

在基督教居民区，奥丽特带我沿耶稣背负十字架走向刑场的多洛罗萨路，看了耶稣见母处、耶稣墓和圣墓教堂。圣墓教堂又称复活教堂，为罗马皇帝君士坦丁一世之母海伦娜太后所建，耸立于东耶路撒冷卡尔瓦里山顶。耶稣的坟墓和坟墓入口均在此教堂内，故基督教内部不分门派和所属教会，都把这里奉为圣地。

1943 年 12 月,在中东作战的乔治·巴顿中将参拜圣墓教堂时,圣墓教堂由天主教徒、希腊东正教徒和科普特教基督徒组成的小组联合管理,不知出于偶然原因还是共同的政治远见,看门人竟是一个穆斯林。这种惯例直到 1993 年 9 月我第四次赴以色列采访时仍未改变。当年巴顿将军钻进仅能容纳四个成年人站立的墓穴内,四个与巴顿将军同样高大的当地秘密机构的警卫也硬跟着钻了进去,巴顿在当晚的日记中对此揶揄一番:"在这样一个地方行刺,肯定不会成功。"50 年后,我作为官方摄影师随钱其琛外长钻进墓穴时,四位身材高大的以色列警卫也躬身挤了进来,挤在墓穴墙角的我根本无法摆弄相机。

圣墓教堂内石板上的深红颜色据说是耶稣死后停尸于石板上留下的血迹

耶路撒冷大卫王塔

圣墓教堂内的那块停放耶稣尸体的石板也是教徒顶礼膜拜的圣物,石板上的深红色的斑点据说是耶稣当年的血迹。

海湾战争结束后,我作为驻开罗的摄影记者,又数度前往耶路撒冷。但我早已失去战时的激情,对往返开罗—耶路撒冷的空中飞行也失去了耐心,驾车前往时竟无意中闯过边界,通过电台、电视、报纸成了以色列家喻户晓的"飞人"(Flying Man)。由此我最能理解耶路撒冷人开车为什么那么急不可待。今天,5分钟的路程也许要走5000年,这是我驾车沿摩西出埃及走的旧路渡红海、穿西奈、过加沙直取耶路撒冷时悟出的道理。人生的乐趣就在定与不定之间。

海湾战争期间，我头一次到耶路撒冷。那天，天降暴雨，漂亮的奥丽特小姐把我领进距耶稣被出卖的朱斯马尼花园旁的一座教堂避雨，古色古香的花岗岩建筑令我发出地老天荒的感慨。古老的石头，不变的色彩，永恒的宁静。我与奥丽特并排坐在圣像下，默默无言。我紧闭双目，享受紧张工作中短暂的宁静。万籁俱寂、天地纯洁，我能听到奥丽特小姐的心跳声。激动之余，我将当时的感受写下来发往北京，文章当天就登在了《参考消息》上，作为我海湾战争采访连载的一节。与此同时，我还接到上司的一纸弹劾，责问我把奥丽特小姐摆在哪儿了，怎么会听到她的心跳，任我怎么解释也不肯理解我所经历的神圣与宁静,因为北京不是耶路撒冷。

常年危险、紧张而情感化的工作方式常将我的精神推至悬崖边缘,我在静谧中默默回忆历尽千辛万苦出色完成各项任务的过去,心中所有不快在圣像下化作一池平静的春水。自诩具有军事天才而又派不上用场的我也许将来会用全部退休金去买一群羊,过上摩西那种朴素恬静的生活。

我爱我妻

"买辆吉普"的念头像魔鬼一样一直折磨着我

好多年前,残雪初晴的一个下午,在秦岭南坡一段泥泞难行的盘山路上,我与一位正在北大念博士的女孩跋涉而行。望着彤云散去彩云满天的山顶,这丫头突发奇想地问我:"有朝一日发洋财,你打算买什么?"举头仰望云端里的山顶,我不假思索地从泥沼中拔出右脚:"买辆吉普!"从那天起,拥有一辆吉普的梦想就一直残酷地折磨着我。

即使到现在,我还在顽固地坚持,只有吉普才是真正的汽车。劳斯莱斯的尊贵、凯迪拉克的气派、梅塞德斯的矜持、法拉利的奢华……已经把汽车糟蹋得不成样子。唯有吉普,坚固得像块高碳钢、简单得像枚鹅卵石,而其无所不能的综合效用却犹如一团烈火足以让任何汽车黯然失色。

几年来,我曾驾驶改装的北京"212J"在海拔5000米至6860米的可可西里无人区探险,驾梅塞德斯－奔驰260E以210公里的时速在利比亚边境上飞驰去晋见卡扎菲,驾尼桑桑尼卡车徜徉于黑云压城的伊拉克街头，驾丰田陆地巡洋舰闯过以军封锁进入戒严的加沙，单人独骑从开罗到耶路撒冷，海湾战争中驾道奇羚羊大面包晨辞巴格达夜抵安曼，驾梅塞德斯 200 反复穿行于约旦河谷地，驾本田阿科德严冬翻越贝鲁特南黎巴嫩雪山，驾马自达 929 追随穆巴拉克横穿西奈，驾三菱大山猫参加法老沙漠拉力赛并以倒数第二冲过终点，随 555 富士车队在苏门答腊热带雨林拉力，参加"555"港京拉力赛用 7 天时间从香港跑至北京，独自一人驾丰田科罗纳环绕美国……我还玩过外国朋友的宝马、别克、奥迪以及阿尔法·罗米欧、兰西亚、雪佛莱、波尔舍、沃尔沃、福特野马、兰德罗孚、欧茨谋彪、美洲虎、本特利……蹭过伊拉克共和国卫队的嘎斯、以色列国防军的美式吉普、联合国军的汉马……随着阅历渐长，曾经沧海的我对吉普仍是情有独钟。我一直认为，一个人的教养表现为可以享受最好的、承受最差的。吉普，就是具有这种贵族气质的生命。

坚固、灵活、多功能的
小型越野卡车，这就是吉普。

1896 年，德国人哥特莱伯·戴姆勒制造了世界上第一辆汽车，它装有一台 4 马力内燃机和一个三速变速箱。两年后，美国温斯顿公司将一台单缸 6 马力汽油机装在货车上，这就是最早的卡车。

第一次世界大战中，德法部队势均力敌在前方对峙，为扭转战局，法国"玛恩河出租汽车队"将法军奇迹般运至前线扭转战局，成了历史上第一支摩托化部队。卡车从此逐步取代骡马，成了军中不可或缺的装备。"兵马未动，粮草先行"。今天，没有卡车的部队简直不可想象。

卡车的作用千真万确，可其庞大的车身在前线极易遭到炮火攻击。摩托车体小灵活，但噪音大、载重量小、安全系数低。迫在眉睫的第二次世界大战迫使军方寻找一种更坚固、灵活、多功能的小型越野卡车。1938 年，五角大楼拟定一份研制"低车身侦察车"计划，标新立异的美国人幻想制造一种重量不足半吨、载重 1.25 吨、短轴距、四轮驱动的轻型卡车。这种轻型卡车仅高 1 米，前风挡可以放倒，以便架设武器，向前方射击，宛若童话中的玩具。可当时连最具幻想的美国 135 家汽车制造商中，也只有两家对研制这种异想天开的丑八怪略感兴趣。

1940 年 9 月 23 日，在超级设计大师卡尔领导下，宾夕法尼亚的班特姆公司（Bantam，一家小厂）试制出第一辆样车。设计师以 40 公里的时速一气开了 400 公里，将其送到热带沙漠和沼泽地接受越野测验，又从一米多高的平台上飞驰而下……5500 公里的破坏性驾驶使车底盘出现裂缝，可历史上还未有过如此禁折腾的汽车。美国军方对班特姆公司制造的这辆名为"布利兹帕奇"的小车的简洁、坚固、灵敏、耐久性大为称奇，当即将这辆标新立异的样车公布于世。毫无疑问"布利兹帕奇"对当时美国汽车制造业起了当头棒喝的作用。

两个月后，威利斯—奥兰多公司造出两辆名为"夸德"（Quad）的可选择两轮驱动或四轮驱动的车型，紧随其后福特也推出了类似车种。军方将班特姆、威利斯、福特三家公司的优势集中起来,开始批量制造。

定型的四轮驱动轻型越野车——"吉普车"(Jeep)装有一台 4 缸汽油发动机,载重 1.25 吨,结构简单坚固,性能齐全。由于装有分动器,可以四轮驱动越野行驶,爬 60 度陡坡,涉越小河,其公路最大时速可达 105 公里。

在军事上,吉普很快被当做多用途效用装备使用。它的英文名字 G.P.(吉普)就来源于英文多种用途 General Purpose 一词的缩写。吉普除运送人员和武器弹药外,放倒前风挡便可装上重机枪或无后座力炮;装上电台等通讯装置就成了火线指挥车;稍加伪装可充当侦察车或当做轻型战斗车辆直接投入战斗;安装担架用于战场救护;装上装甲充当轻型装甲车伴随坦克部队作战;装上螺旋桨推进和防水外壳作为两栖登陆车使用。其超过额定要求的大马力发动机还保障它拥有拖拉机才拥有的牵引力。

我在埃及听说过一个故事,说西奈一位放骆驼的贝都因人在沙漠堆中挖出一辆当年美军废弃的吉普。这位老兄用骆驼把破车拖到了阿里什,经过简单清洗再加满一箱汽油后,竟能开起就走。其神奇的坚固性可想而知。

**马歇尔上将说:吉普是美国对
第二次世界大战的最大贡献。**

第二次世界大战时期的战地记者把吉普车说得无所不能:"它像狗一样忠诚、像骡子一样强壮、像羚羊一样机敏。"

五星上将马歇尔把吉普说成是"美国对第二次世界大战的
最大贡献"。盟军司令艾森豪威尔把吉普列为"赢得战争的
三大武器"之首。麦克阿瑟把吉普开到登陆部队的最前沿。
最富传奇色彩的第三集团军司令乔治·巴顿把红色皮椅拧
在吉普上,在车身上漆上自己的将星、装上高音喇叭和警报
器,从北非一直开到欧洲,直到第二次世界大战结束时因吉
普车祸撞死在德国境内。

美国总统罗斯福在卡萨布兰卡会议期间撇开劳斯莱斯
改坐吉普,馋得利比亚总统巴克利羡慕不已。利比亚为此
还专门发行了一套两位总统坐吉普的纪念邮票。

1942年,阿拉曼战役前夕,北非的英第七集团军组织
了一支吉普突击队,以90公里的时速在沙漠中昼伏夜出,
专门袭击隆美尔的补给线,屡屡得手。同年"醋乔"史迪威
借助吉普车穿过雨林,把中国远征军的几个师和一帮七长
八短的战争难民传奇般从缅甸撤至印度。1943年,"哈斯
基"作战行动中,巴顿的美7军攻入西西里,在靠近墨西拿
海峡的一个小山村,贫困的山民正为榨油机发生故障断了
生计而走投无路。美军当即拨出一辆吉普,一位机灵的学
生兵将吉普引擎的发动装置联在榨油机上,五天榨出44吨
橄榄油。美国兵还将吉普车的前轮抬起,用帆布带将前轮
联结一台轮式锯,用吉普做动力带动轮式锯锯木头,西西里
山民把美国兵当成一帮用吉普车变戏法的流浪汉。

在北非,吉普车成为美军的身份卡,"G.I."(美国兵)、
"G.P."(吉普车)密不可分。突尼斯人一直以为美国兵在
领取身份识别牌和军装的同时也配发了吉普。一天深夜,

值勤的法国哨兵突然向一帮步行的美国兵开火，尽管对方一再声称是美国人，可法国哨兵就是不信："如果是美国兵，他们为什么不开吉普？"

战地记者们发现，一线士兵对吉普的感情远超过艳星莲纳端娜。因为当艳星玉照趴在墙上飞媚眼时，吉普车正忠诚地与士兵浴血奋战，大兵把吉普车看成是有血有肉有生命的活人，麦克阿瑟手下一辆在太平洋战争中战功卓著的吉普车因为负伤而荣获紫心勋章。

无论进攻还是撤退，吉普开到哪里，胜利便接踵而至。到第二次世界大战结束时，美国已把 60 万辆吉普装入板条箱运往世界各地，吉普被列为《租借法案》发往反法西斯盟国的头号战略物资。为了显示吉普神威，参议员米德干脆亲自驾驶吉普在国会山的花岗岩上表演爬台阶。进入 70 年代末，美军选用 MI51 Mat 取代威利斯洋洋自得了半个世纪的吉普，但毕竟由于吉普在轻型越野性能方面的独特品质，而至今在汽车史上占一席之地。

早在 1950 年 6 月 13 日美国威利斯公司将"Jeep"作为注册商标之前，"吉普"两字中文字已成为中国人对四轮驱动轻型越野车辆的简称，抗日战争到解放战争期间，吉普成了从滇缅中国远征军宋希濂到故事片《红日》张灵甫、《南征北战》张军长、李军长的必备之物。新中国的缔造者毛泽东、刘少奇、周恩来都是乘坐吉普从延安打进北京城的。1958 年，长安机器厂模仿美国 CJ—5 生产长江吉普。1964 年，北京开始综合 ГА367、69，研制"北京 212"。文化大革命期间，毛泽东多次乘 BJ—212 检阅红卫兵。此后，"BJ—

212"一度是中国大陆县团级干部的身份标志。

　1984年1月15日,由北汽摩分化出的合资公司——北京吉普汽车有限公司成立,次年9月22日轻型吉普2021系列切诺基下线,与此同时,BJ2020S系列面市。BJ2020S系列发动机设计原理较旧,化油器水平低,油耗大,轴距过短,操作稳定性和制动性差,密封不好,悬挂较硬,但价廉而维修方便。2021切诺基系列基于1974年设计产品,发动机压缩比偏高,对燃油要求高,化油器水平低,一般评价认为其性能落后于日本同时代产品。

野牛尸骸在身边,秃鹫在头上盘旋,我把干裂的脸颊贴在冰冷的吉普车窗上,遐想着从"乞力马扎罗的雪"到"走出非洲"。

　自从那年冬天在秦岭领略吉普爬山的英姿之后,美妙的记忆总是挥洒不去,在警察学院学驾驶时,我一再要求学吉普,可最终学了卡车,因为驾校没有吉普,而卡车性能接近吉普。1989年山西地震,我以一辆大发星夜从北京赶赴震中,沿途每遇坡崖沟壑,都为没有吉普而痛心疾首。尽管如此,我仍是第一个抵达震中的记者,我的图片和现场报道不仅占据了以《人民日报》为首的国内报刊头版,还被美联社、路透社、法新社、共同社同时刊用。

　1990年,我加入由几十辆越野车组成的可可西里探险队,从西宁沿青藏公路经格尔木、西大滩、纳赤台、昆仑山口、五道梁,在沱沱河兵站拐下公路直取长江源。北京吉普咆哮着冲上通天河,坚冰在车轮下隆隆作响。虽已是 6 月,可在海拔 5000 多米的可可西里无人区仍是大雪纷飞。高海拔、严寒、缺氧、干旱、辐射、风沙,复杂多变的气候造成举世罕见的高寒荒漠景观,哥拉丹冬雪峰傲然耸立,铅灰色的冰峰闪着沉重的寒光。循着倒毙的野牛尸骸蜿蜒而行,乌鸦在紫色的天空滑翔,秃鹫趴在巨大的野牛头骨上虎视着我们的吉普车队。由于缺氧,我们全患了右心室肥大和红细胞增多症,原来 75 马力的北京吉普此时输出功率不足 40 马力。炽热的阳光穿过吉普风挡,强烈的紫外线将我的脸晒脱一层皮,用手一抓便纷纷扬扬。我的嘴唇裂开一道道血口,高高肿起,为止痛我不时把脸紧贴在冷冷的车窗上,吉普的冷钢激起我的无限遐想:从"乞力马扎罗的雪"到"走出非洲"。

我把自己使用的吉普称为"长腿沙漠跳鼠",头一个月我就开了 1.3 万公里,在我的左冲右突中,我和我的"爱妻"成了许多新闻社的头条新闻。

海湾战争期间,我辗转中东各国五个半月,在烽火连天、沙漠万顷的中东,吉普是我出入战区的惟一工具,沙特王室似乎对三菱山猫情有独钟,伊拉克陆军更倾心于尼桑巡逻兵,约旦哈希姆王朝仍坚持用英国的兰德罗孚,埃及总统卫队则是清一色的丰田陆地巡洋舰,以色列国防军大量使用美式雪佛莱大吉普,而美军却使用 8 缸 6.2 升柴油风

一九九〇年在可可西里无人区

冷引擎载重 3 吨的汉马。

随着日本汽车工业的崛起,欧洲梅塞德斯、兰德罗孚、兰奇罗孚、美式吉普正让位于亚洲吉普。亚洲的新型丰田、尼桑、三菱、现代、启亚等品牌线型排列 6 缸、V 型排列 6 缸和水平对置排列式发动机成批制造着更优质的吉普。

亚洲轻型越野吉普车的品牌已不胜枚举。韩国的启亚(KIA)、现代(Hyundai)、双龙制造了大批性能价格比极优的吉普。其中启亚 Sportage 已被世界拉力赛列为"0"、"00"赛车,承担为雪铁龙 ZX、丰田 Celica、三菱 Calant VR4、三菱 Lancer Evolution Ⅲ、富士 Impreza 等著名四驱车开道的先导车。此外,日本微型的铃木(Suzuki)的 VITARA V6、五十铃(ISUZU)的 Trooper,亦以物优价廉闻名。但综合性能执牛耳者,仍首推丰田陆地巡洋舰(TOYOTA LAND CRUISER),尼桑巡逻兵(NISSAN PATROL)和三菱大山猫(MITSUBISHI PAJERO)。丰田陆地巡洋舰 4500 采用线型直列六缸 4 汽门发动机,排量高达 4.5 升,被选为中东联合国军停战监督委员会 UNTSO 制式装备。尼桑巡逻兵采用同样原理发动机,排量为 4.2 升,而三菱大山猫(欧洲出口型为 MONTEO,意为将军),则采用 V 型排列 6 缸 3升发动机,该型已屡屡在巴黎—达喀尔汽车拉力赛中夺冠。

与此同时,美国印第安纳 AM General 生产的 M998 汉马,则为当今越野车又一革命典范。该车长 4.58 米,宽 2.16 米,高 1.83 米,整备重量 3498 公斤,采用排量 6.2 升 8 缸风冷柴油发动机,低盘高 0.41 米,轮距 3.29 米,最高时速 105 公里。可爬 60°陡坡,涉水深度 0.76 米,该车采用中置式发动机,尽量提高底盘与地面间距离,装有车胎充气中央控制系统等令人咋舌的装备。它的军用型在海湾战争中大显神威;其民用型仅硬汉影星施瓦辛格一人就买了 5 辆。

海湾战争结束后,我调任新华社中东地区摄影记者。在我辖区广袤无垠的沙漠上,以色列的达扬、拉宾、沙隆们运用吉普在五次中东战争中所向披靡。上任伊始,在战争

驾"长腿跳鼠"从以色列采访大选归来

在中东的第一辆吉普车三菱山猫

中领略了吉普忠勇的我,发誓让新华社中东分社奔驰轿车群中出现一辆属于我自己的吉普。1.9万美元买来的一辆三菱山猫使我美梦成真,虽说4缸2.4升的排气量对我来说小了点,但毕竟是车库中十余辆轿车中惟一雄性化的动物。半年后,我说服新华社领导将其换成了一辆6缸4.5升排气量的丰田陆地巡洋舰。不想这种车一运回中国就被称为"沙漠王",这让我平添几分厌恶,因为我这人素来对王侯将相权威倾国者敬而远之。以后发现尼桑赛德里克(Cedric)在中国叫"公爵王",更是百思不得其解。最后还是日本共同社的一位朋友告我,塞德里克是古希腊一位美男子,位及公爵,国人好色之余更看重爵位,干脆百尺竿头再"封"其为"公爵王"。这也许是半封建半殖民地的中国特色吧。多年来我一直坚信,大吉普的排气量就像老祖母的年龄,越大越安全、越慈祥、越可靠。

每说到我的大吉普我都忍不注泪珠潜然,她是我在中东惟一同床共枕、历经生死的伴侣,我叫她长腿沙漠跳鼠。她与我的尼康相机被列为我的"一妻一妾"。买她的头一个月,我就开了1.3万公里,从开罗跨过苏伊士运河、横穿西奈、穿越加沙地带一直开到耶路撒冷。直到以色列南方军区动用M113装甲车和AH-60"黑鹰"直升机才在阿什克隆终止我和我"爱妻"的蜜月旅行,我和我的长腿跳鼠的蜜月之旅由此上了法新社、路透社、《埃及华夫脱报》、《约旦时报》、《以色列消息报》1992年6月22日的头条。追踪突发事件之余,我的大吉普是当地最出色的导游。在我任职期间,所有访问开罗的大人物都慕名乘我的大吉普进沙漠兜风,一睹胡夫金字塔风姿。政协副主席吴学谦、《人民日报》社长邵华泽、国家科委副主任邓楠、北京市副市长张百发、北大校长罗豪才……都曾是我的车上客。张百发对中国驻埃及使馆文化参赞郑重宣布:"全埃及的活动,只有唐老鸭和大吉普最有意思!"

我的大吉普一旦折叠起后座就成了新华社中东分社载重量最大的轻型卡车,为此我成了中国使馆常抓的卡车车夫。连中国驻伊拉克武官曹彭龄调任埃及,也是我驾大吉普跨过苏伊士运河、横穿西奈半岛,到约旦、沙特边境接来的。

我的长腿跳鼠从未背叛过我,可我对她的爱意已变态到疑神疑鬼的地步。每当出差短暂分别,我都将她开到车库尽里边的死角里,再拆掉她的电瓶连线、电路保险,以免

与大吉普在金字塔前留影

他人染指。别人开我的车比开我更令我难受万分。在我的长腿跳鼠前后风挡上，分别是我手绘的手持相机狂奔的唐老鸭和拳头大小的英文："Xinhua News Phoho"（新华社新闻摄影），还有我宿舍的电话号码，我以此控制以开罗为圆心、2000 公里为半径的突发事件。在我的长腿跳鼠的遮阳板上，我写了一段硬汉海明威的狂言："勇敢者出不了事。如果你是好样的，出了倒霉事全怪你自己。"我已经无法回忆多少次我和我的大吉普陷在沙漠中，被恐怖分子围追堵截、被士兵扣留、被难民包围……为了自我保护，我的前风挡上贴了我与卡扎菲、阿拉法特、拉宾、曼德拉、加利的合影，我说的最熟练的一句阿语是："安拉最伟大。"

职业冒险之余，我喜欢驾大吉普探寻无人涉足的沙漠小径，体会妙不可言的冒险乐趣，在干涸的河床上露宿，让滚烫的浮沙埋过我赤裸的躯体，洗去长途驾驶的疲惫，体会母亲怀抱的温馨。

在开罗，几乎所有摄影记者开的都是吉普，美联社的"莽汉"纳伯特、《时代》周刊"断腿"巴利、法新社克里斯蒂安、路透社阿莱……我们还组织了英雄美酒俱乐部。

回到北京，我天天只能蹬着我的那辆破旧自行车，但我无时无刻不在想着我的"长腿跳鼠"。

直到现在，每逢金乌西坠，我都会变得魂不守舍，仿佛又变成一只沙狐，又回到金字塔西侧那片大沙漠。眼前总

凌晨 11岁

是一片金黄，一切全都凝固，没有声音也没有风，我坐在大
吉普的引擎盖上，从汽车冰箱中摸出冰镇啤酒，遥望远方成
群的撒哈拉沙鸽在晚霞中追赶沙漠落日，享受追赶新闻间
的短暂宁静，默默体验天涯客的孤独，想象母亲花白的头发
在炊烟中飞舞。

　　我爬下大吉普，在侧逆光的阴影里左右端详与我朝夕
相处的"长腿跳鼠"。落日余辉里我的"长腿美人"不断变化
着色彩，笼罩在神秘的红光紫雾之中，撒哈拉沙漠上拖着她
长长的倩影，像玛丽莲·梦露在阿拉斯加封冻的育空河畔舒
展玉腿……战斗、挣扎、死亡，反反复复永不休止。醉眠中
我看到汉尼拔的纵队、马木留克的骑兵、拿破仑的方阵、隆
美尔的坦克随着我的大吉普滚滚而去。我平端着尼康相

机，在 300mm 镜头中看到我自己：在驾驶学校钻研吉普，在秦岭林海追熊猫坐吉普，在青藏高原探险开吉普，在海湾战争中往返巴格达—安曼还是吉普……

离职回国的那天凌晨，我和驻埃及武官曹彭龄将军最后一次将大吉普开上金字塔西侧的沙丘之顶。曹不仅是我北大的校友，还是海湾战争在巴格达结成的刎颈之交，也是开罗惟一理解我心志的中国人。与大吉普耳鬓厮磨之后，我最后亲吻了我的"长腿美人"，在她的右风挡遮阳板上，我用黑色记号笔留下最后的爱意："老兄，好好爱这无言的战友，她到过海湾，还挨过恐怖分子的石头……她有生命，勇敢忠诚，从不妨主。"

（此车 1994 年 1 月奉调回国，现归新华社青海分社所有。作者又及。）

"长城—金字塔"在召唤

　　近几年来,我除奉命在神农架原始森林追拍野人一年多之外,基本赋闲。外语没地方用,车技也荒废了许多,老朽垂死,陷入沉寂无声的绝望之中。男人一旦失去拼命的勇气,谁也没办法给他补充。

　　经验告诉我,在地球上努力保持自我虽然痛苦,但未必是坏事,尽管造物主希望世界上的人类形形色色花样越多越好,可人类自己在疯狂杀戮各种动植物的同时,也拼命消灭自己同类中的各色者。办公室像架庞大的水泥搅拌机,每天把水泥、石子、沙土、石灰……搅拌在一起,铸成一团什么也不是、可坚硬无比的废物。把一切有生命的有机物,变成无生命的无机物。分不清谁是水、谁是泥。邻居窗户飘出的舒曼曲子总让我魂不守舍,探首窗外,只有大自然才是人类生命、心智、情感的惟一源泉。生命在于运动,我渴望大自然。

　　中东是世界上最神奇的一方土地,具有创造三大宗教的超自然神力。如果有人现在对我说昨晚外星人把胡夫金字塔从开罗搬到了耶路撒冷,我也会深信不疑,因为这是中东。

　海湾战争之初，我辗转千里从巴格达赶到耶路撒冷，夹在虔诚的犹太人中间把写有自己宏愿的纸条塞进哭墙："当好记者，娶好姑娘，生小超人……"从此开始了我的中东摄影记者征程。也许是冥冥之中众多神灵的庇佑，种种不可思议的机遇使我有幸亲临一些耸人听闻的地点，接近一些世人皆知的人物。

　1993年，我结束新华社中东分社摄影记者工作时，突然萌生驾我那辆历经战火的大吉普自金字塔出发，经开罗、

塞得港,跨过苏伊士运河,经西奈、加沙、贝鲁特、大马士革、耶路撒冷、杰拉石、贝特拉、安曼、巴格达、巴比伦……返回万里长城下的北京的梦想。中国驻埃及公使程远行、中国驻伊拉克武官曹彭龄对我的狂想大加赞赏。一向沉稳的新华社以色列分社社长也在我的计划书上签名,表示坚决参加。因为他、我和我的大吉普都将在1993年12月底期满回国。我向上司解释说,这样不仅可以省了两张飞机票和一辆大吉普的托运费,还能采访到许多一流的"重大新闻"。可我的上司不支持堂吉诃德式的远征。

回国后,我出版了萧乾先生作序的《我从战场上归来》,还一口气在《世界博览》上发表了十几篇中东见闻,承蒙读者不弃,许多文章还被一些大报大刊转载。许多忠厚的好心人写信给我,告我千万不可住笔,由此再次激发了我"从万里长城到金字塔"的宏愿。

坐回到北大图书馆,我仔细研究了这一宏愿的可行性。首先,中国与中东有悠久的文化历史。金字塔尼罗河、耶路撒冷约旦河、巴比伦底格里斯河幼发拉底河、泰姬陵恒河印度河、长城长江黄河……其次,中国与中东各国在国际关系中的地位日益重要。第三,中国和中东有深厚的传统友谊,河南开封自宋朝就有犹太人,中国是两次世界大战期间惟一无条件接受犹太难民的国度。中东各国历来对中国友好,埃及是第一个与新中国建交的非洲国家,也是第一个与新中国建交的阿拉伯国家。第四,安理会五大常任理事国中惟有中国人最具备横穿中东的政治条件。我在中东时的一些白人记者朋友把我屡屡出入的一些国家视为禁地,而我黑发黄脸却从未碰到过真正的危险。

我除坐享上述"我是中国人"的优势外，还有自己的特点：首先是身强力壮光棍一条，曾在盛夏沿万里长城步行，严冬在秦岭雪山抓过大熊猫。在海拔 5000 米以上的世界屋脊探险，在海拔 −406 米的死海游泳。第二，北大国际政治系、北京警察学院驾校、汤姆森国际新闻培训中心使我具备了一定的知识技能。第三，从"飞毛腿"横飞的海湾战争到中东缔造和平的三年里，我有幸经历了全过程。此外，我是惟一单人独骑横穿埃及、约旦、以色列、黎巴嫩、伊拉克等中东国家并顺利完成各种采访的中国人。我曾与加利并肩在科普特大教堂做圣诞弥撒、在卡扎菲帐篷中做客、和阿拉法特勾肩搭背、吃了拉宾的石斑鱼、与伊拉克总参谋长兼共和国卫队司令拉维同桌共饮、被以色列总参谋长巴拉克称为"最喜欢的人"，当了两年穆巴拉克总统府摄影师，独家获得伊朗政府新闻采访签证……第四，先后在《世界博览》等著名报刊上发表了几百幅照片、几十万字文章，承蒙中外读者抬举，经美国的电脑网络输入后更加谬种流传，在伊拉克、以色列、埃及、约旦、巴勒斯坦、利比亚受到欢迎。第五，我在中东结交的一大帮朋友会给我的梦想开绿灯。

接下来的情况令人感动，先是《世界博览》的一位拉美华侨读者自愿解囊相助，继而山东一位中学生将半年早餐钱省下 166 元寄到《世界博览》编辑部转我……对于这些好心人的好意我惟有坚辞退回原处、更奋力笔耕而已。接着，中国银行海外部总经理朱华先生约我到香格里拉，详谈资助，据他说三菱银行是中国银行的重要客户，三菱吉普可以

1993 年 1 月 6 日，联合国秘书长加利忧心忡忡地赶到罗马自己祖上的科普特教堂，为混乱的世界局势做圣诞弥撒。

出车供我远征。只可惜主管我的上司非要中国银行先把300万打到新华社新中国图片公司账上，由此弄得泥牛入海，让挺高尚的出使西域以铜臭冲天而夭折。使我平添岳武穆奉诏一别朱仙镇，"惊回千里梦，起来独自绕阶行。知音少，弦断有谁听"的感慨。

中央电视台"正大综艺"办埃及节目时，同在金字塔下喝过酒的辛少英导演让我帮忙准备一下。我推荐了我在埃及的一帮朋友：驻埃及公使程远行、驻埃及文化参赞王贵发、国际台记者马为公、我开罗的新华社同事水均益。旧友重逢，重又勾起我梦系魂牵的中东情结，现为国际台新闻部主任的马为公仍像老大哥那样提醒我要对自己的计划严加保密，否则会引来不必要的麻烦。因为我酷似以色列名将阿里尔·沙隆，"熟知如何同阿拉伯人作战，却不知如何同犹太人相处"。我说我不怕，我绝无仅有的经历是无法剽窃的。小水说他能帮我拉赞助，我感激涕零地感慨道："水性的女人心最难测，水姓的兄弟情最坚贞。"当年，我从炮火纷飞的以色列撤下来，假道埃及回伊拉克前线，在开罗滞留了两夜一天。当时我衣衫褴褛精神濒于分裂，像只被火山吞食家园的大猩猩。素昧平生、仅在电脑前编辑过我写的"飞毛腿"稿子的小水和我一见如故，喝了两夜啤酒。他还弄来一辆蓝奔驰，把我带到尼罗河西岸的露天酒吧饱览夜色，樽前共叙弟兄情，拿尼罗河当易水，风萧萧兮为我送行，使我紧张的神经在斯代拉酒精麻醉下短暂松弛。他当时好像不很开心，酒后大有乘风西去之意，果然日后凤栖梧桐去了中央电视台。

大金字塔

报刊读者数以万计，可电视观众是以亿计算的。战争期间，我的头像登在《人民日报》们上，成了纸上的英雄而有脱离群众之嫌。现在又被电视们一访，把头伸进人家窗户大谈各种冒险。于是各路朋友接踵而至，先是日本本田汽车公司中国代理戴天鸣老板对我的"长城—金字塔"大感兴趣，只可惜本田只出轿车而从不造大吉普。接着有人送我一辆旧吉普，解放军装甲兵学院免费帮我把这辆吉普整修一新，旨在勉励我为中国人争光，早日踏上西去之路。北京切诺基的几位朋友也有意参加，可这些汽车都无法达到初驶里程 1 万公里无故障的标准。

使我美梦从空想到科学的是原北京电视台台长，现任北京有线电视台总编辑的裴有权。这老兄年轻时也是个不要命的摄影记者，既属同行，又是前辈。听说我在不断的梦想中生活自然喜出望外，大有提携后进之意。几经点拨，我茅塞顿开，恍然大悟从"万里长城到金字塔"的文化意义。裴老总称，"从长城到金字塔"的费用不必我管，我惟一要做的是撰写一个每集 20 分钟、共 20 集的电视剧本。无奈我生来一个尖屁股，对横冲直撞地冲锋陷阵毫无惧色，就怕坐在屋里"策划"，能力不足之外，还总觉得"策划"一词离阴谋不远，都是我被别人阴谋策划怕了。北京有线电视台影视部年轻有为的主任周林，自己掏腰包请我喝了三顿酒，旨在我酒后意气风发将脚本一挥而就。可我每饮必醉，醉而不醒，所以脚本至今还没写出来。因而我的经费也始终没有到位，不知是否有人愿意资助而不必经过令我头疼的繁文缛节。

驾吉普车在长城脚下

　　有人劝我不要去冒险,可哪知对我而言,没有危险的生活不会有生气,危险和恐惧本身就是人生的一大享受。人生经历远比所有书本上的道理伟大、重要得多。我们不必盲目忠于那些我们本来并不了解的人和事,像只绵羊亦步亦趋。持续的和平生活让我闲肌难耐,任何人为的善意阻拦都动摇不了我心中的"长城—金字塔"。

我在北大的阳光里

一

2月28日北大南门，风入松书店《北大往事》发行式上，我正神气活现上蹿下跳围着季羡林先生拍照，突然脑后飞来一掌，原来是宣传部赵老师，命我十天之内作文一篇，献给母校百年华诞。谁都知道我这人既无文采，更无寸箭之长可献，上学时异想天开四处叫嚣世界大战，只给国政系丢人现眼。环顾左右学长师兄，众目睽睽已无法遁形，只好领命。可回家思前想后搜肠刮肚，就是不知道如何下笔。一直到现在，一想到北大我就饿，那时候每天晚饭吃五个馒头还顶不到晚上十点，跑回宿舍发现挂在床头毛巾口袋中的馒头被同屋的饿狼吃了，仅剩下搪瓷饭盆空空如也。于是我自己也像觅食的猛虎悄然潜行，见别人桌上有什么吃什么,连大茶缸里的凉水也不放过。

现在的大讲堂当时是大饭厅,名曰饭厅可整个饭厅连一张桌子都没有。三千多人都蹲在地上鸡啄米般地进食,场面十分壮观,遇有人行走飞沙走石拖泥带水也没人叫唤不卫生。大饭厅西北角承受圆拱形大梁的柱子下砖头掉了,露出一尺见方的窟窿,是我藏饭盆的地方。那时大饭厅连存饭盆的地方都没有,所有学生不知为什么都用毛巾缝个口袋,装上吃饭的家伙,装在书包里或提在手中叮叮当当地四处乱走。据说这源于大革命中的串联,属于我军光荣传统。当时79级以上的学兄学姐大多上山下乡经历过大革命,令我们这些刚出校门的万分景仰。偏偏我们37楼432与434一脉相通是个大套间,乌压压12条汉子几乎都刚离开高中不久,啸聚山林与兄姐们分庭抗礼,自称"西部财团"。为安定团结,系里调了一位二十五六岁的老大哥住到我的下铺,加强党的领导。

这老兄名叫王青松,来自河南信阳,原是地委机要干部,现为我班团书记。举手投足透着重权在握的稳重,自然更让我们敬重,乃至晚上我睡觉翻身都轻手轻脚心怀敬畏。他也时不时地与民同乐,甚至和我们比赛俯卧撑,可总是不得要领有些隔阂。尤其是他十分用功,每天后半夜方肯归宿,窸窸窣窣弄上半天,洗脸烫脚悠然而睡,天长日久犯了众怒。先是有人在门框上放皮鞋、笤帚砸他,以后加码到一盆凉水。人多势众争强斗狠,最终将学校发给每人一个的12个方凳同时翻过来,48条腿一齐朝上码在地上,我身居上铺负责拆去管灯憋火,黑灯瞎火摔他个鼻青脸肿,他也不急。

当时沈仁道老师还未调到北京市当政协主席,仍在国政系讲《资本主义政治制度》,他讲到选举是公民的基本政治权利。偏巧这时团支部改选,各位同学半开玩笑地行使了一把民主,不想真把他选下去了。事后我们都挺后悔,觉得玩笑有些过火。

几年后,我分到政法大学教书,学校请来一位门徒200万的石松大师传授气功,大师一口气下去从书记到校长上千人满地乱爬。我闻讯忙背上相机赶去拍照,不料大师竟是王青松。他站在台上高声断喝:"众徒儿散开,来人是我同学。"还是那口信阳乡音。言罢把我拉上台握手拥抱,让信徒们万分羡慕,感动得我真想也趴在地上。

二

1979 年,我是稀里糊涂进北大的,"师曾参之孝"全为我那九十多岁的爷爷。我爷爷兄弟俩全是戊戌变法由秀才举人摇身一变进京师大学堂的,爷爷的哥哥毕业于仕学馆,爷爷毕业于文科中国文学门。他教导我说凡是上过这所学校的人都勇敢诚实、科学民主、济世救民……就是失业找工作也比别的学校毕业生容易。在爷爷高瞻远瞩的监督下,在填写志愿时我写上一句"服从北大分配"。其实当时我更想报考石家庄高级步兵学校,像所有多梦的中学男生一样,幻想当个巴顿、古德里安式的坦克师长。为能和爷爷历数的蔡元培、胡适、李大钊、陈独秀、毛泽东、鲁迅兄弟攀上校友，我咬着牙进了北大。

开学头一个星期天，我们宿舍全体到校园里拍纪念照。北大素有拍照传统，六十多年前刘半农就在此创建中国第一个摄影团体——"光社"。在未名湖南岸花神庙前，我们与长眠于此的美国记者埃德加·斯诺合影。斯诺早年在这里教过新闻、用相机记录过轰轰烈烈的"一二·九"运动，欧战成名的名记者萧乾就是他的门生。在北大 37 楼 432 宿舍的棉被里，我用饭盆冲洗了平生第一个黑白胶卷。

在国际政治系，我始终算不上专心致志的学生，各种火炮的口径、射速和发射方式远比种种拗口谲诈的政治词汇更令我神往。历史系罗荣渠、国政系王炳元的战争史我最感兴趣，偶尔还跑到红山口的军事学院去偷听。好在北大民主科学、自由容忍，干什么都没人管，各班没有固定教室，更方便了我这样不务正业的流寇四处乱走，边走边听。1992 年在班加西，我与卡扎菲勾肩搭背，就是因为我在北大读过他的《绿皮书》。天长日久校园内渐有虚名，物理系79 级一位姓黄的学兄慕名而来和我探讨航空母舰的前甲板，力学系去 38 军坦克 6 师考察，也捎上我。尽管我也亦步亦趋跟在同学屁股后面钻图书馆，可"其东走者同，所以东走者异也"。抛开老师开的必读书目，英国《简氏武器系统》、《简氏舰船年鉴》等成了我的宠物，一套"时代—生活"出的 14 卷《第二次世界大战史》尤令我终生难忘。我被历史照片无与伦比的说服力所震撼，由此对课本中种种费解的阐述产生怀疑。

在北大图书馆，一个叫罗伯特·卡帕（Robert Capa）的战地记者闯进我的生活。这位 18 岁考入柏林大学政治系的小伙子一毕业就赶上纳粹上台镇压学生,他身背相机逃往西欧,与海明威并肩参加了西班牙内战。二战中卡帕拍摄了包括诺曼底登陆在内的所有重大战事,他的朋友从乞丐到美国总统,从英格丽·褒曼到巴顿将军……直到 1954 年在越南踩响地雷,还不忘最后一次按下快门,含笑死去。我把卡帕的好友、诺贝尔文学奖得主约翰·斯坦伯格为他写的悼词抄在日记本上:"他不仅留下一部战争编年史,更留下一种精神。"

两杯黄汤落肚,我总是产生我是卡帕转世的错觉,仿佛我真的经历过卡帕经历的一切,连身上的臭汗也带着卡帕身上才有的老公羊特有的刺鼻味。至少有一点千真万确,我们俩都在 18 岁进了名牌大学政治系,同样狭隘自负,坚信只有相机才能记录历史。

三

1983 年北大毕业,家住美国加州的二伯问我需要什么帮助,我毫不犹豫地说:"给我买台好相机!"以后,我背着这台相机在中国政法大学教了四年学生。校长江平、党委书记解战原看在校友面上对我照顾良多,而在校刊上不断刊登我照片的编辑正是同年从北大分来的校友查海生,以后才知道他就是著名诗人海子,1989 年在山海关卧轨殉诗。

扭转我教书生涯的是我和海子的同学,也是同一年从北大分到政法大学教书的沈红,她对我"痴迷的摄影癖"大

在可可西里无人区探险

加赞赏,建议我去投考新华社摄影部。与此同时,我考中了《中国青年报》国际部。当时该报正筹办《青年参考》,负责这件事的段若石正是比我高两级的师兄,同一个系的学生主考,我自然在应试者中稳拔头筹。但我最终放弃了《中国青年报》,因为我更想当"横行世界"的摄影记者。我的同学穆晓枫当校学生会秘书长时,我给他当过记者,由于痴迷摄影居然还当选为校学生会优秀干部。他与我同学四年,坚信我有从事新闻事业的勇敢诚实,而且生来一张直肠子驴才有的大嘴,最适合去新华社。

新华社摄影部一大帮正副主任中至少有三位北大毕业生,先民主后科学,最终面试犹如王八瞅绿豆。一位姓谢的副主任还随手送我一只三条腿的泥蛤蟆,意在勉励。主任徐佑珠则一再把我投放到灾难、探险、暴乱乃至战火之中。我以行动敏捷不畏刀剑日夜工作独家新闻而屡受社长褒奖。后来才发现社长郭超人竟是《精神的魅力》中"顺"走北大一把钥匙的北大学长。此后徒步长城、可可西里探险、秦岭追熊猫、神农架找野人处处离不开北大前辈。

1990年12月,海湾战争一触即发之际,我单枪匹马经伊斯坦布尔、安曼闯入巴格达。中国驻伊拉克大使郑达庸神态凝重,正在屋顶上画五星红旗以防挨炸,对我的贸然前来并不欢迎。我能理解这位北大东语系高材生的心情,他必须为在伊拉克的每个中国人的生命负责。海湾危机以来,郑大使已组织上万人马经约旦回国,而我却逆人流而入给大使添乱。我现在仍保存着一张摄自巴格达西北鲁特巴的照片,一个直径十多米的大弹坑旁,站着大使郑达庸、武官曹彭龄(东语系毕业)、武官助理李天天(法律系毕业)。

曹彭龄将军不仅北大毕业,还是北大世家,其父曹靖华当过北大俄语系主任。将军虽为武人,可著作颇丰,这也许是家学渊源所致吧。战争中曹武官对我处处照顾,源于北大民主科学教育传统,我们关于战争态势的分析也较为一致,忘年的管鲍之交至今令我心醉。

战时跨国界流动采访,除人地生疏语言障碍外,战时法规、新闻审查、散兵流弹都会使孤身一人的记者陷入灾难。在挨炸的巴格达拉希德饭店,我与另一位北大校友、日本记者河野彻不期而遇。河野是日本共同社国际部记者,早稻田政治系毕业后在北大进修中文,1989年在北京与我一起工作过。从此,整个战争期间我们生死与共,同行同止,分享新闻线索,直到他奉调去科威特。那天在约旦一家小酒馆,河野含泪把一大包止血绷带和美军战场急救用品塞给我,酒气冲天珠泪满面:"剩下你一个人千万别太猛。要多想! 钢盔、防弹衣、防毒面具要随身带。要活着! 活着才有一切! 一定要再见面呀!"

四

和平中的生命有时比在战争中更脆弱,许多比我年轻的学弟学妹不幸先我而去。我采访过的生物系81级曾周是在秦岭研究大熊猫时摔死的,是他家的独子,佛坪馒头山下有他的碑。十年前地理系柴庆丰勇斗歹徒,被流氓一粒汽枪子弹击中大脑暴亡,我和北京市公安局代局长刘镇山、刑侦处长张良基率一帮警察追到天津，才把歹徒缉拿归案。以后道听途说知道舒春死在新加坡、游进死在四川、戈麦自沉万泉河、骆一禾在行进中倒毙……这还不算因癌症病逝的温杰，他是我北京十三中的同学，后进北大，是中文系81级的学生。与我同年分到中国政法大学教书的名诗人海子在山海关卧轨殉诗。国政系80级比我晚一年分到政法大学国际政治教研室的学弟朴京一，径直地爬上教学楼顶，跳了下去……一位学兄称北大那片园子里出来的人智慧而脆弱，一点呼唤可以使他飞扬，一点漠视便会瓦解他的生命。

1990年我在海拔5000米～6860米的可可西里无人区探险，开吉普住帐篷，持续半年的高寒、缺氧、强辐射使我患了右心室肥大红细胞增多症。长期没有新鲜蔬菜，嘴唇裂开一道道血口，高高肿起，脑袋由于缺氧几乎炸裂，几次想一头撞死。

在我觅死不成的昏睡中，始终照顾我并和我同宿一顶简易帐篷达半年之久的《民族画报》摄影记者凌风，就是位短小精悍的北大师兄。他毕业于中文系77级，却有一手修手表修相机的绝技，探险队许多精密仪器都被他妙手回春。在野外这可是头等求生技能。这位学兄不仅修机器而且修人，正是他鼓励我为他太太、北大师姐任幼强主编的《世界博览》写些亲历，由此我的北大圈子越滚越大，由中东而北美，到现在都未能住手。

15年前我离开北大时眉清目秀侃侃而谈满脸灿烂，现在是委靡不振满嘴粗话，一听见警报声就想卧倒。开罗和平医院说我患了战争持续紧张压力综合症，也许等上十年

八年，也许终生恢复不了。尽管我右腿肌肉萎缩，可无碍我马奔雀跃地四处乱跑，去年还一人开车环绕美国。技物系学长邓朴方送我个奖杯，上写："师曾校友，老弟可畏。"我猜想当时自己一定狰狞可怕，穷凶极恶。人过七十古来稀，即使以活 70 年计，也不过 25550 天，少得让人害怕。人生总有一死，无法控制生命的长度，可读书走路可以体验人生的深度和厚度。为此我探险同时珍爱生命，打针吃药顽强地活着。

　　1994 年"一二·九"，北大团委书记王登峰把我弄到办公楼给学弟们讲述我的故事。站在司徒雷登训过话的地方指手画脚，我一派胡言不敢正坐。北大独有的教育体制帮我辨认出自己潜在的个性并得以发展，科学让我受益，民主给我希望。每当遭受挫折心情不佳，我都会哭丧着驴脸躲回北大，狂奔一番、大哭一场，看看和我一样的北大同类。民主、科学、自由、容忍，再勇敢诚实地面对人生。

编 后 记

　　这本书的编辑工作是在医院完成的。鸭子躺在病床上，拖着病弱之躯对全书作了三遍校改，口授了几百张照片的说明文字，当他完成了最后一项工作——《自序》的写作时，他读给我听，竟几次哽咽得读不下去。我理解他此时的心情，因为这是他用生命写成的书。

　　1992年底，鸭子将一份稿件托人从埃及带回国，由他的老父亲亲自送到编辑部，这就是《我见到了卡扎菲》，是他为《世界博览》写的第一篇文章。看完全文，我相当震惊，为文中行云流水般的气势、强烈的镜头感、幽默的文笔和精炼的语句。从此我不敢对人说我是中文系毕业的。

　　转眼又是一年。1993年底，鸭子结束了新华社中东分社的工作回国。一天，他突然闯进了我的办公室，说的第一句话是"你怎么老了"，天真得像个孩子，岁月哪能不留痕迹呢。他从怀中掏出一卷纸莎草画送给我，继而开始讲述中东的种种趣事，口若悬河，滔滔不绝。说到激动处还手舞足蹈，甚至扑通一声跪在我面前，表演穆斯林如何祈祷。吓得我连忙请起，以免此时走进我办公室的同事产生误会。从此，他就不断地来讲故事，每次都是风风火火地来，匆匆忙忙地走，有时甚至来不及敲定下一个选题。而下一次他来交稿时，写的正是我最想让他写的题目。我问他："你怎么知道我想让你写这篇呢？"他答："我讲这段故事时，看见你眼睛一亮。"一次鸭子告诉我，新闻记者应每人配备一架望远镜，因为人对世界的感知力60％来自视觉。

鸭子虽然名气很大，可我却从未把他当成名人，我始终觉得，他只是一个孩子，一个天真可爱的大男孩。他与我的弟弟任凡一样大，都是七九级的大学生。因此，我对他总是像大人对孩子一样，训斥起来毫不留情，难怪他在文章中总爱用"大发淫威"、"勃然大怒"等十分严重的词来形容我。记得我修改《我的耶路撒冷》一文时，感到他的标题过于轻狂，怎么能把圣城称为自己的呢！于是，我武断地将标题改为《圣城之恋》。鸭子知道后不高兴，他给我打了将近半个小时电话，希望恢复他的原题，并对文中其他改动提出异议。我拒绝接受他的意见，一意孤行地按我的修改发了稿。此事过后很久，我才慢慢悟出他是对的。鸭子对每篇文章都倾注了他的感情，他是从低角度来仰望圣城的，对这个诞生了三大宗教的圣地充满了景仰之情，他的标题正是这种感情的表达。在编辑此书时，我首先做的就是把这篇文章恢复原题。

鸭子总是在白纸上笔走龙蛇，从不在稿纸上写文章，他受不了格子的束缚，正如他那天生无拘无束的性格。从他龙飞凤舞的字迹以及字距、行距都无章可循的卷面，容易让人产生他写东西很草率的印象，其实不然。在写《铸剑为犁的拉宾》一文时，他看了整整一本英文版的拉宾自传《Rabin》。我不知道那本书有多少字，但足足有四厘米厚。

鸭子勤奋好学、见多识广、博古通今，每篇文章都是他丰富的经历和深厚的知识的积累。他的文章天文地理、历史风情、政治军事无所不包，常常把我弄得晕头转向。我怕改错，每次都要与他逐一核对文中一些关键内容，他总是耐心地讲解。有好几次，我对他说："鸭子，我改不了你的文章了，许多常识我都不懂。"而他总是用"你平时没有注意这些事"或"你们女的都不注意这方面的事"等安慰话来减轻我孤陋寡闻的尴尬。

鸭子的文章是《世界博览》最精彩的一笔，在期刊界普遍不景气的情况下，这本杂志仍保持着可观的发行量，许多读者在来信中几乎众口一词："我是因为喜欢唐师曾的文章而喜欢上《世界博览》的。"不少报刊用高稿酬的许诺想把他挖走，我对他说："如果你愿意给别人写，我不阻拦，我也希望你的文章物有所值。"可鸭子却认真地说："只要你在这儿当主编，我就一直写下去，再说我也要对得起喜欢我的读者。"他的至仁至义让我感动，在他心里的天平上，金钱无法与校友间的情谊和读者的信任相比。就这样，五年多来鸭子忠心耿耿地为《世界博览》笔耕不辍，才使今天这本书的出版成为可能。

我第一次见到鸭子是八年前他从可可西里无人区探险归来，那时他满面红光，神清气爽，身体壮得像只填肥的鸭。如今，他躺在病床上，张中行先生形容的他那"长而秃的头"更加显秃，面色苍白，标准的单眼皮变成了双眼皮。我真不相信"再生障碍性贫血"这个可怕疾病会降临在这个生龙活虎的孩子身上。医生怀疑他的病是遭受核辐射所致，也许就是在采写本书的某一篇文章或拍摄其中某一张照片时，他受到了核辐射的袭击，也许还不止一次。

鸭子是笑着告诉我他的病情的，他竭力表现出坚强。我想安慰他，却找不出合适的词，一切词汇在这时都显得苍白无力。我想起鸭子常说的一句话："一个人应该能享受最好的，也能承受最差的。"这是他的人生信条。我坚信，他能承受病魔的侵扰。所幸的是，他用生命写成的这本书就要付梓了，书中的内容许多都是他冒着生命危险换来的，用他的话来说，"全都是些不掺假的真玩艺儿"，而他为此付出了昂贵的代价。

读鸭子的文章，我为蕴含其中的如此丰富的知识而惊叹，为他描绘成彩色的异国风情而陶醉，为他总结出的鞭辟入里的人生哲理而折服，为无处不在的幽默诙谐而捧腹。然而，更多的是为鸭子永远亲临一线采访、置个人安危于不顾的忘我精神而感动。这种精神的魅力正是他的作品最震撼人心之处。

鸭子在扉页上庄重地写下了"献给母校北大"，而我想再补充一句：把此书同时献给鸭子那善良的母亲和慈祥的父亲，感谢他们养育了这么个好孩子。

任幼强

1998 年 4 月 2 日